Solidarwirtschaft. Ein Weg zu einer Wirtschaft mit Maß

Rudolf Chavet

GRIN

Bibliografische Information der Deutschen Nationalbibliothek:

Die Deutsche Nationalbibliothek verzeichnet diese Publikation in der Deutschen Nationalbibliografie; detaillierte bibliografische Daten sind im Internet über http://dnb.d-nb.de abrufbar.

ISBN: 9783389065891
Dieses Buch ist auch als E-Book erhältlich.

Coverbild: WoGi | stock.adobe.com

Trappentreustraße 1
80339 München

Druck und Bindung: Books on Demand GmbH, Norderstedt Germany
Gedruckt auf säurefreiem Papier aus verantwortungsvollen Quellen

Das Buch bei GRIN: https://www.grin.com/document/1452582

Solidarwirtschaft

Ein Weg zu einer Wirtschaft mit Maß

neue Wege wagen

Mein Dank gilt meiner Frau Christina, meinen Kindern Dominique, Eric, Olivier und Daniel, sowie allen, die mich im Laufe der Jahre bei der Realisierung verschiedener Projekte unterstützt und begleitet haben.
Ein besonderer Dank geht an Hilla Häeger †, die mich bei der Entwicklung des Pilotprojekts und seiner Produktlinie unterstützt hat.

Weiterhin danke ich allen Verlagen für die freundliche Genehmigung von Zitaten, wobei mein besonderer Dank dem Verlag Presses de la fondation nationale des sciences politiques, Paris & Editions Dalloz, Sirey 1987, gilt, für die Erlaubnis, aus dem Buch: *Sociologie de l'organisation et de l'entreprise* von Renault Sainsaulieu zu zitieren.

Inhaltsverzeichnis

Die globale Situation

Bei allen Überlegungen zur Problematik unseres auf Konsum und Verschwendung basierenden Gesellschafts- und Wirtschaftssystems muss auch darüber nachgedacht werden, wie wieder ein allgemein verständliches, einfaches, nachhaltiges, ökologisches, humanes und solidarisches Wirtschaftssystem aufgebaut werden könnte.
Für diesen Ansatz gibt es mittlerweile ein hohes Bewusstsein und unzählige Experten, Foren und Organisationen, die sich in der einen oder anderen Form mit alternativen Wirtschaftssystemen beschäftigen, wie z.B. Ökologische Ökonomie, Ökosoziale Ökonomie, Nachhaltige Wirtschaft, Regionalwirtschaft, Sozialwirtschaft, Postwachstumsökonomie, Solidarwirtschaft, Humanwirtschaft, Suffizienz Wirtschaft, Social Business, Gemeinwohlökonomie u.v.m.
Von all diesen Alternativen halte ich die Solidarwirtschaft, die es schon immer gab, jedoch in Vergessenheit geraten ist, für die geeignetste Wirtschaftsform, um die Zukunft zu gestalten.
Es geht demnach darum, die Solidarwirtschaft wieder aufzubauen und an die heutigen Gegebenheiten anzupassen.
Das Buch ist eine breit angelegte, praxisorientierte Überlegung, wie Arbeit und Wirtschaft in Zukunft zumindest teilweise, und sei es auch nur zu 1%, in Richtung Solidarwirtschaft umgestaltet werden könnten. Es geht nicht darum, einen Beitrag zur allgemeinen Wirtschaftsreform zu leisten, sondern eine Alternative für mehr Ökologie und Nachhaltigkeit aufzubauen. Ebenfalls ist es nicht das Ziel, die globale Ökonomie durch eine Solidarwirtschaft zu ersetzen, sondern zu zeigen, wie beides nebeneinander existieren kann.

Um dieses Wirtschaftssystem zu errichten, müssen Konzepte entwickelt und in die Praxis umgesetzt werden.
Auf dieser Grundlage arbeite ich mit meiner Familie seit mehr als 20 Jahren an einem strategischen Konzept zum Aufbau einer Solidarwirtschaft im Bereich der Lebensmittelnahversorgung.
Um die Machbarkeit unseres Konzeptes zu testen, haben wir mit eigenen Mitteln ein Praxismodell erschaffen (siehe www.proregio.be).
Dabei muss berücksichtigt werden, dass es sich noch um ein Pilotprojekt und nicht um einen bereits funktionierenden Betrieb handelt.

Alle bisherigen Erfahrungen habe ich in diesem Buch zusammengefasst und bitte Sie, liebe Leserinnen und Leser, um Verständnis, dass es sich hierbei um einen ersten Entwurf handelt und es noch unendlich viel zu tun gibt, um die Solidarwirtschaft im Bereich der Lebensmittelnahversorgung aufzubauen.

Es erfordert nachhaltige Korrekturen sowie strategische Veränderungen und es gilt all dies mit Zuversicht und viel Vertrauen in die Menschen zu erschaffen.

Literaturempfehlung:

Worum es im Ganzen geht, haben die Autoren Prof. Dr. Niko Paech und Björn Paech in der Bandnummer 124 „Post-Oil City" der Zeitschrift „Politische Ökologie" 01 – 2011, Oekom Verlag, im Artikel *Suffizienz plus Subsistenz ergibt ökonomischen Souveränität* ab Seite 54 treffend beschrieben.

Die globale Vision – die Erd-Charta

Die leicht verständliche Erd-Charta finde ich als Vision sehr gut.
Die Erd-Charta gilt als Vision für eine globale Bewegung von Individuen und Organisationen aus 89 Ländern. Diese nutzen die Erd-Charta auf ihre ganz eigene Art und Weise um sich für eine gerechte, nachhaltige und friedliche Welt einzusetzen[1] .
Zusammenfassend hier in Kürze die Grundsätze der Erd-Charte[2]:

I. Achtung vor dem Leben und Sorge für die Gemeinschaft des Lebens

1. Achtung haben vor der Erde und dem Leben in seiner ganzen Vielfalt.
2. Für die Gemeinschaft des Lebens in Verständnis, Mitgefühl und Liebe sorgen.
3. Gerechte, partizipatorische, nachhaltige und friedliche demokratische Gesellschaften aufbauen.
4. Die Fülle und Schönheit der Erde für heutige und zukünftige Generationen sichern.

II. Ökologische Ganzheit

5. Die Ganzheit der Ökosysteme der Erde schützen und wiederherstellen, vor allem die biologische Vielfalt und die natürlichen Prozesse, die das Leben erhalten.
6. Schäden vermeiden, bevor sie entstehen, ist die beste Umweltschutzpolitik. Bei begrenztem Wissen gilt es, das Vorsorgeprinzip anzuwenden.
7. Produktion, Konsum und Reproduktion so gestalten, dass sie die Erneuerungskräfte der Erde, die Menschenrechte und das Gemeinwohl sichern.

---

[1] https://erdcharta.de/die-internationale-erd-charta-initiative/:// Datum des letzten Aufrufs: 30.8.2024

[2] https://erdcharta.de/die-erd-charta// Datum des letzten Aufrufs: 30.8.2024

8. Das Studium ökologischer Nachhaltigkeit vorantreiben und den offenen Austausch der erworbenen Erkenntnisse und deren weltweite Anwendung fördern.

III. Soziale und wirtschaftliche Gerechtigkeit

9. Armut beseitigen als ethisches, soziales und ökologisches Gebot.
10. Sicherstellen, dass wirtschaftliche Tätigkeiten und Einrichtungen auf allen Ebenen die gerechte und nachhaltige Entwicklung voranbringen.
11. Die Gleichberechtigung der Geschlechter als Voraussetzung für nachhaltige Entwicklung bejahen und den universellen Zugang zu Bildung, Gesundheitswesen und Wirtschaftsmöglichkeiten gewährleisten.
12. Am Recht aller – ohne Ausnahme – auf eine natürliche und soziale Umwelt festhalten, welche Menschenwürde, körperliche Gesundheit und spirituelles Wohlergehen unterstützt. Besondere Aufmerksamkeit gilt dabei den Rechten von indigenen Völkern und Minderheiten.

IV. Demokratie, Gewaltfreiheit und Frieden

13. Demokratische Einrichtungen auf allen Ebenen stärken, für Transparenz und Rechenschaftspflicht bei der Ausübung von Macht* sorgen, einschließlich Mitbestimmung und rechtlichem Gehör.
14. In die formale Bildung und in das lebenslange Lernen das Wissen, die Werte und Fähigkeiten integrieren, die für eine nachhaltige Lebensweise nötig sind.
15. Alle Lebewesen rücksichtsvoll und mit Achtung behandeln.
16. Eine Kultur der Toleranz, der Gewaltlosigkeit und des Friedens fördern.

Zeigt den Weg, der vor uns liegt.

Die Solidar*wirtschaft* könnte eine von vielen Hilfen sein, um sich auf diesen Weg zu begeben.

Autor

Ich bin 73 Jahre alt, seit 51 Jahren verheiratet, habe 4 Kinder und 8 Enkelkinder, für die es sich lohnt, über zukünftige Wirtschaftssysteme nachzudenken.
Nach dem Abitur habe ich auf dem zweiten Bildungsweg Maschinenbau studiert und danach 27 Jahre in einem multinationalen Unternehmen als Konstrukteur in der Entwicklungs- und Forschungsabteilung gearbeitet. Mit 40 Jahren hatte ich das große Glück, mit Unterstützung meines Arbeitgebers, ein Studium in Sozial- und Wirtschaftspolitik an der Katholischen Universität Neu-Löwen absolvieren zu können. Meine Diplomarbeit habe

ich 1994 zum Thema: *Auf dem Weg zu einer neuen Arbeitsorganisation* geschrieben.
Seitdem beschäftige ich mich immer mehr mit dem Thema Arbeit und dem Aufbau alternativer Wirtschaftssysteme sowie Arbeitsorganisationen bis hin zur Projektorganisation. Durch den Umzug meines Arbeitsplatzes von Aachen nach Hannover im Jahre 1996, verließ ich nach 2 Jahren das Unternehmen und machte mich als Projektberater mit den Schwerpunkten Existenzgründung und regionale Wirtschaft selbstständig. Während all den Jahren habe ich einiges hautnah miterlebt und möchte meine Erfahrungen, Gedanken, Meinungen, Fragen und Lösungen zu Papier bringen bzw. dokumentieren.

Allerdings komme ich aus der Praxis und bewege mich auf einem Gebiet, das eher den Theoretikern vorbehalten ist. Für den Aufbau einer Solidarwirtschaft ist aber die Umsetzung und damit die Praxis entscheidend. Meine Arbeit ist daher sehr praxisorientiert und hat wenig mit bestehenden Theorien zu tun, die es auch gar nicht gibt. Durch meinen Praxisbezug und meine Erfahrungen habe ich eine vage Vorstellung davon, wie eine Solidarwirtschaft aufgebaut werden könnte. Grundlegend dafür ist, die Ideen, Talente und Fähigkeiten aller Mitarbeiter zu mobilisieren, sich an der Umsetzung von Problemlösungen, Projekten, Ideen, etc. zu beteiligen.

Aus dem Bestseller: *Du musst nicht von allen gemocht werden*, von Ichiro Kishimi und Fumitake Koga (2022, S. 223), möchte ich noch kurz ein motivierendes Zitat des Psychologen Adler erwähnen:

> *Einer muss anfangen. Andere mögen kooperieren, aber das hat mit Ihnen nichts zu tun. Mein Rat ist: Sie sollen anfangen. Ohne Rücksicht darauf, ob andere mitmachen oder nicht.*

Mit diesem Grundsatz möchte ich nun meinen ersten Ansatz zum Aufbau der Solidarwirtschaft beschreiben. Das wird nicht einfach sein, aber wir leben ohnehin in einem historischen Moment, in dem sich vieles auflöst und eine neue Gesellschaft und Wirtschaft entsteht.

Erfahrungen

Diese Publikation basiert hauptsächlich auf meinen eigenen Erfahrungen, der oben erwähnten Diplomarbeit und meinem 2015 erschienenen Buch mit dem Titel: *Renaissance der Regionalwirtschaft. Ein Lösungsansatz für den Aufbau einer ökologischen Gemeinschaftswirtschaft.*

Meine eigene Berufserfahrung beginnt schon im Alter von 12 Jahren, da ich in meiner Freizeit immer auf dem elterlichen Bauernhof mitgearbeitet habe. 1970 bin ich dann mit 19 Jahren ins Berufsleben eingestiegen. Das war für mich als junger Mensch eine sehr spannende Zeit. Die

Modernisierung in der Landwirtschaft und die Technologisierung in der Firma, in der ich als technischer Zeichner anfing, waren in vollem Gange. So habe ich den Wandel in Wirtschaft und Gesellschaft selbst miterlebt und die damit verbundene Entwicklung des Zeitgeistes erfahren und aufgenommen.

Auch bezieht sich mein Buch auf die Erfahrungen, die ich während meiner Tätigkeit als selbständiger Projektberater seit 1998 sammeln konnte, als mir schnell klar wurde, wie einfach es wäre, durch die solidarische Vernetzung von Kleinunternehmen ganz neue Perspektiven der Wertschöpfung zu schaffen.
Nach der Veröffentlichung meines ersten, oben erwähnten Buches, wurde mir allerdings erst richtig bewusst, wie viel es noch zu machen gibt, bevor man überhaupt mit dem Aufbau alternativer Wirtschaftsstrukturen anfangen kann. Also begann ich alles neu zu überdenken und zu formulieren und kam zu dem Schluss, dass unser System eine zusätzliche Wirtschaft zwischen der Kapitalwirtschaft und der Sozialwirtschaft braucht. Das Ergebnis halten Sie nun in Händen.

Dieses Buch ist demnach ein erster Denkanstoß, der auf meinen eigenen praktischen Erfahrungen beruht. Heute, im Alter von 73 Jahren, möchte ich meine Erfahrungen in den Veränderungsprozess von Gesellschaft und Wirtschaft einbringen und mich zur Verfügung stellen, um Veränderungsprozesse zu begleiten, wenn dies gewünscht wird. Dabei bin ich sehr gespannt, wie sich die Wirtschaft in den nächsten Jahren entwickelt.

Fragestellung

In diesem Zusammenhang und dem damit verbundenen Strukturwandel unseres Wirtschafts- und Gesellschaftssystems, stellen sich unendlich viele Fragen.
Einige der Fragen sind z. B. folgende:

- Kann die auf Wettbewerb und Individualisierung ausgerichtete Gesellschafts- und Wirtschaftsstrategie den Strukturwandel gestalten?
- Kann es sich die Gesellschaft leisten, dass viele Menschen passive Konsumenten bleiben, oder sollten sie zu aktiven Mitgestaltern des Strukturwandels und der Zukunft werden?
- Wie können in den westlichen Industrieländern wieder soziale, nachhaltige, menschengerechte und zeitgemäße Wirtschaftsstrukturen aufgebaut werden?

Auch wenn unser Wirtschafts- und Gesellschaftssystem all dies zu einer fast unlösbaren Herausforderung macht, müssen wir handeln, um Antworten auf diese Fragen zu finden.

Ich selbst bin der Meinung, dass:

Strategien für gemeinsamen Erfolg und langfristigen Gewinn

statt

Strategien für individuellen Erfolg und kurzfristigen Profit

eine, wenn auch im Moment schwer vorstellbare, aber notwendige Antwort sein könnte.

Die entscheidende Frage lautet daher, wie in der Praxis eine Solidarwirtschaft aufgebaut werden kann.

In dieser Arbeit möchte ich deshalb beschreiben, wie eine solche Strategie anhand der Solidarwirtschaft entwickelt und umgesetzt werden könnte. Dies soll dabei keine Verklärung und Wiederherstellung der Verhältnisse vor den 60er Jahren, sondern die Entwicklung einer Alternative zur heutigen Wirtschaft darstellen.

Worum es geht, haben die Autoren Prof. Dr. Niko Paech und Björn Paech in Band 124 der Zeitschrift „Politische Ökologie" (01 – 2011, Oekom Verlag) im Artikel *Suffizienz plus Subsistenz ergibt ökonomischen Souveränität* ab S. 54 treffend beschrieben.

Problemlage und deren Ursachen

Da die Problematik seit dem Erscheinen des Buches *Grenzen des Wachstums* des Club of Rome im Jahre 1972 bekannt ist, – Warnungen gab es auch schon viel früher – denke ich, dass das Thema mittlerweile ausreichend behandelt wurde und es nun an der Zeit ist, endlich mit der Umsetzung zu beginnen.

Zusammenfassend möchte ich folgendes Zitat aus dem Artikel: *Blick zurück im Zorn? 25 Jahre nach Rio – viel weiter sind wir nicht gekommen,* erschienen im Magazin Nachhaltig Wirtschaften, Ausgabe 4/2017, Seite 42, erwähnen. Besonders folgender Satz bringt die Problematik auf den Punkt und macht deutlich, woran es hapert, um Nachhaltigkeit und Ökologie umzusetzen:

> *Mit der Gründung der WTO 1995 wurden die Regeln für die Weltwirtschaft vereinbart, die teils im direkten Gegensatze zu den Rio-Beschlüssen für eine nachhaltige Entwicklung stehen [...]*

In dem Buch *Solidarwirtschaft* beschreibt Matthias Wiesmann die gesamte heutige Problemlage und deren Ursachen und Gründe. Dieses einzigartige Werk kann ich jedem Interessierten nur empfehlen. Vor dem von Wiesmann beschriebenen gesellschaftlichen Hintergrund ist es notwendig, alternative oder in Vergessenheit geratene Wirtschaftssysteme wieder zu entwickeln. Ein Grund hierfür ist auch, dass sich die heutige

Wirtschaft immer mehr globalisiert, der Wettbewerb immer härter wird und es kaum noch Chancen für die Realwirtschaft bzw. für produzierende Unternehmen in den westlichen Industriestaaten gibt. So entwickelt sich derzeit die Notwendigkeit nach anderen Wirtschaftssystemen.
Auch weil ich glaube, dass wir uns heute in einem immer stärkeren Verdrängungs-, Zerstörungs-, ja Vernichtungswettbewerb befinden und uns damit immer mehr selbst zerstören, ist es notwendig, darüber nachzudenken, wie neue Wirtschaftsstrukturen aufgebaut werden können. Ebenso deshalb, weil sich unser Wirtschaftssystem von den globalen Zwängen befreien muss, um wieder mehr dort zu produzieren, wo die Produkte gebraucht werden.
Vor diesem Hintergrund der zunehmenden Komplexität und des permanenten Wandels unserer Gesellschaft bricht für die ganze Welt (und nicht nur für die Industrieländer) ein neues Zeitalter an. Wissenschaftler sprechen vom „postindustriellen Gesellschaft" [3] .Wie sie aussehen wird, weiß niemand, und nur ständige Information und offene Augen können uns vor Enttäuschungen bewahren.

Wer sich für die Zukunft unserer Gesellschaft und Arbeitswelt interessiert und den Umbruch mitgestalten will, für den bricht eine neue Zeit an. Eine Zeit der ständigen Provokation mit den bestehenden, auf Wettbewerb basierenden Gesellschafts- und Wirtschaftsstrukturen mit dem Ziel, eine lebenswerte Zukunft gestalten zu können, in der der Mensch nicht nur passiv als anonymes Rädchen im Getriebe, sondern aktiv als Mitgestalter und Mitunternehmer gefordert ist. Mein Buch ist also eine breit angesetzte Überlegung, wie in Zukunft die Arbeit bzw. die Wirtschaft zumindest teilweise – und sei es auch nur 1% – in Richtung einer solidarwirtschaftlichen Ökonomie umorientiert bzw. umorganisiert werden könnte.

Es ist demnach nicht mein Anliegen bzw. mein Bestreben, einen Beitrag zur allgemeinen Wirtschaftsreform zu leisten, sondern lediglich eine Alternative – hoffentlich bald eine von vielen – in Richtung mehr Ökologie und Nachhaltigkeit mit aufzubauen. Dabei geht es nicht darum, die globale Ökonomie durch eine Solidarwirtschaft zu ersetzen, was ohnehin nicht möglich ist, sondern aufzuzeigen, wie beide nebeneinander existieren können. Die Solidarwirtschaft würde sich dann um alles kümmern, was in einer Region eigenständig produziert werden kann und die globale Wirtschaft um alles, was in der Region nicht produziert werden kann. Nicht mehr und nicht weniger.

---

[3] https://www.bpb.de/kurz-knapp/lexika/politiklexikon/18052/postindustrielle-gesellschaft/ Datum des letzten Aufrufs: 15.8.2024

Ziel des Buches

Mit dieser Arbeit möchte ich in erster Linie beschreiben, was notwendig ist, um eine solidarische, kooperative, nachhaltige und menschengerechte Wirtschaft mit niedriger und mittlerer Technologie aufzubauen. Basierend auf meine Erfahrungen soll vor allem versucht werden, eine geeignete Organisationsform für den Aufbau der Solidarwirtschaft zu beschreiben und zu zeigen, wie sie im Kontext der globalen Wirtschaft, in der wir uns heute immer mehr befinden, in der Praxis funktionieren könnte. Dabei wird es vor allem darum gehen, die psychosoziale bzw. menschliche und weniger die technisch-ökonomische Funktionsweise in den Mittelpunkt zu stellen.

Ich möchte diese Gelegenheit auch nutzen, um mein Wissen mit allen zu teilen. Dies auch deshalb, weil über einige Elemente dieser Arbeit bisher sehr wenig allgemein Verständliches geschrieben wurde.

Weitere Ziele des Buches sind:

- dass alle voneinander lernen können.
- eine Theorie zu entwickeln, die auf praktischen Erfahrungen beruht.
- die Chancen und Potenziale bekannt zu machen.
- dass die Institutionen die Bedingungen erkennen können, um konkrete gesetzliche Rahmenbedingungen zu schaffen, die eine Solidarwirtschaft ermöglichen.
- die Förderung der Solidarwirtschaft auf die politische Agenda kommt und notwendige Maßnahmen auf nationaler bis lokaler Ebene ergriffen werden können.
- dass das notwendige Kapital mobilisiert werden kann. Gemessen am BIP sind für den Umbau der Energieversorgung zu einem vollständig regenerativen Energiesystem nur 1% der Investitionen erforderlich. (Uwe Schneidewind, *Wege aus der Wachstumsgesellschaft*, S. 129). Dies halte ich auch in anderen Bereichen, wie z.B. der Lebensmittelnahversorgung, für machbar.

Diese Arbeit dient also dazu, einen ersten Ansatz zu beschreiben, wie die mögliche Organisation der Solidarwirtschaft und deren Aufbau in der Praxis funktionieren könnte und beschreibt dies an einem konkreten Praxisbeispiel zu. Noch handelt es sich nur um ein Pilotprojekt und nicht um einen bereits funktionierenden Betrieb. Dies ist daher keine theoretische Abhandlung, sondern ein praxisorientiertes Handbuch. Im Kapitel Praxisbeispiel beschreibe ich einen ersten Entwurf, wie die Solidarwirtschaft in der Praxis umgesetzt werden könnte.

Ich habe diese Arbeit vor der Corona-Krise geschrieben und wurde von ihr nicht beeinflusst. Die Corona-Krise hat aber wesentlich dazu beigetragen, die Thematik nochmals zu reflektieren, zusammenzufassen und zu strukturieren. Es handelt sich also, wie bereits gesagt, nicht um eine wissenschaftliche Arbeit, in der es darum geht, eine These aufzustellen, diese zu analysieren und auszuarbeiten, sondern um ein Sammelsurium von vielen Gedanken, Erfahrungen, Konzepten und Buchauszügen.

Kapitel 1 die Hintergründe

1.1. Gesellschaftlicher Hintergrund

Der Veränderungsprozess, der unsere gesamte Gesellschaft durchzieht (sei es in der Familie, im Berufsleben, in der Kirche usw.), wird überall immer sichtbarer. Es ist kaum noch möglich, die Veränderungen in der Gesellschaft nicht wahrzunehmen.

Leider macht es die Dynamik und Komplexität, mit denen wir es heute zu tun haben, den Verantwortlichen der Gesellschaft immer schwieriger zu erkennen, in welche Richtung das Ziel oder die Ziele zu suchen sind, wie der Weg dorthin aussieht und welche Konsequenzen (Veränderungen, Wandel etc.), ob gewollt oder nicht, damit verbunden sind. Dabei wird die Gestaltung und Steuerung der Kooperationsprozesse eine entscheidende Rolle spielen. Die größte Herausforderung besteht also darin, die Menschen wieder zur Kooperation zu mobilisieren. Das wird sehr schwierig sein, denn im Gegensatz zu meiner Generation, in der das WIR im Mittelpunkt stand, steht heute, bzw. in der Generation meiner Kinder, das ICH im Mittelpunkt.

Worum es in einer Gesellschaft wirklich geht und woran gearbeitet werden muss, hat Leonardo Boff in seinem Buch *Das Stöhnen der Erde: Geburtswehen einer neuen Welt* einprägsam beschrieben. Die beiden folgenden Zitate verdeutlichen dies auf eindrucksvolle Weise.
Seite 51:

> *Dem Menschen wohnen zwei Kräfte inne, die auch im Kosmos am Werk sind: eine Kraft der Selbstbehauptung, ohne die der Mensch verschwinden würde. Hier haben Ego und Wettbewerb ihren legitimen Platz und Stellenwert. Die andere Kraft ist die der Integration in ein größeres Ganzes, ohne die der Mensch ebenfalls verschwinden würde, denn wir sind von unserem Wesen her sozial veranlagt und wechselseitig voneinander abhängig. Hier überwiegen das Wir und die Kooperation.*
>
> *Das Leben entwickelt sich nur in dem Maß gesund, in dem das Ego und das Wir, Wettbewerb und Kooperation miteinander ins Gleichgewicht gebracht werden.*
>
> *Innerhalb dieser Sichtweise verstehen sich die Menschen selbst als miteinander verbunden und wechselseitig voneinander abhängig, sie erkennen sich als Wesen der Beziehung, außerhalb derer sie die eigene Identität nicht entfalten können.*

Seite 187:

Es gibt zwei Paradigmen, die bereits aus sehr alten Zeiten stammen und sich bis heute halten.
Das erste versteht den Menschen als Teil der Natur und in Gemeinschaft mit ihr, als einen Gast mehr, der dazu eingeladen ist, an der ungeheuer großen Gemeinschaft des Lebens teilzunehmen, die bereits seit 3,8 Milliarden Jahren existiert.
Das zweite Paradigma geht davon aus, dass der Mensch der Gipfel der Evolution ist und dass ihm alle anderen Dinge zur Verfügung stehen, damit er sie beherrsche und benutze, wie es ihm gefällt.

Leider gibt es in unserer Gesellschaft immer weniger Bereitschaft zur Kooperation und Zusammenarbeit und damit auch zur Kommunikation. Wozu auch, solange jeder machen kann, was er will, es keine gegenseitigen Abhängigkeiten gibt und dies vom Gesellschaftssystem auch noch gefördert wird.

Das Generationenproblem bzw. die Individualisierung der Gesellschaft ist daher aus meiner Sicht eines der größten gesellschaftlichen Probleme, die es zu lösen gilt. Es geht also darum, zu einer Gesellschafts- und Wirtschaftsform zurückzufinden, in der das ICH und das WIR wieder in ein Gleichgewicht gebracht werden.

1.2. Wirtschaftlicher Hintergrund

Der wirtschaftliche Hintergrund ist sehr komplex und kaum zu beschreiben. Deshalb möchte ich nur auf einige Zitate aus dem Buch von Notker Wolf *Jetzt ist die Zeit für den Wandel,* erwähnen. Sehr interessant und unbedingt erwähnenswert finde ich das Kapitel: *Wege in eine nachhaltige Zukunft* ab Seite 171.
Folgend einige kurze Zitate:
Seite 172:

Die soziale Marktwirtschaft hat sich als stabiles Fundament für den sozialen Frieden erwiesen.

Seiten 173 bis 174:

Auf die Frage: „kann die soziale Marktwirtschaft weiterentwickelt werden? schreibt Notker Wolf: In den vergangenen 60 Jahren hat sich die soziale Marktwirtschaft zweifellos als bisher erfolgreichstes wirtschaftliches Modell bewährt. Es gibt also keinen Grund sie durch eine andere Wirtschaftsform abzulösen. Es gibt aber gute Gründe, sie weiterzuentwickeln. Aber wohin?
Es gibt durchaus bereits mehr als theoretische Denkmodelle für einen Weiterentwicklung, unter anderem in Richtung der „ökosozialen Marktwirtschaft“ (an dieser Stelle verweist Notker Wolf auf folgende

Quelle: Welt mit Zukunft – Überleben im 21. Jahrhundert von Franz Josef Radermacher und Bert Beyers),
dürfte global am angemessensten sein.
Einer der gedanklichen Vorreiter der ökosozialen Idee, der frühere österreichische Vizekanzler Josef Riegler, hat das Modell so charakterisiert: „Fundament der Ökosozialen Marktwirtschaft ist eine leistungsfähige, innovative Wirtschaft, die auf der Dynamik eines freien, aber in geeigneter Weise regulierten Marktes, auf Eigentum, Leistung und Verantwortung beruht. Darauf ruhen zwei starke Säulen. Die eine bedeutet sozialen Ausgleich, das heißt faire Verteilung der erwirtschafteten Güter, um einen nachhaltigen Konsens innerhalb der Gesellschaft zu erreichen. Die andere bedeutet Schutz der Umwelt. Sie ist schlechthin die Voraussetzung für das Überleben der Gesellschaft.“

Die ökosoziale Marktwirtschaft als Weiterentwicklung der sozialen Marktwirtschaft verbindet – als Konzept - das Erfolgsmodell der sozialen Marktwirtschaft der vergangenen 60 Jahre mit dem Zukunftsentwurf der Hinwendung zu einem längerfristigen, nachhaltigen Wirtschafts- und Lebensmodell. Es geht nicht darum, eine Revolution zu beginnen, sondern einfach darum, aus den Fehlentwicklungen zu lernen und sie wieder in Ordnung zu bringen. Wir schauen nach vorne und richten uns wieder nach unserer Verantwortung für die kommenden Generationen aus. Das Zukunftsmodell der Ökosozialen Marktwirtschaft bringt drei Prinzipien zusammen, die bisher häufig separat betrachtet wurden: ein Gleichgewicht zwischen leistungsorientierter Wirtschaft, Solidarität und dem Schutz der Umwelt.

Um das Zukunftsmodell und die Prinzipien von Notker Wolf nachvollziehen zu können, muss man sich vorstellen, wie rasant sich Wirtschaft und Gesellschaft in den 1960er und 1970er Jahren verändert haben. Im Fokus steht also, die Solidarwirtschaft als eine Weiterentwicklung der Sozialen Marktwirtschaft zu verstehen.

Zusammenfassend kann man sagen, dass bis Anfang der 60er Jahre das Wirtschaftssystem in den westlichen Industrieländern noch weitgehend eine Subsistenz- oder Bedarfswirtschaft war. Es gab wenig Marktorientierung, keine ausgeprägte Arbeitsteilung außerhalb der Fabriken und die Gewinne wurden überwiegend lokal und regional reinvestiert. Vor allem in ländlichen Gebieten gab es noch eine, auf einem gesunden Wettbewerb basierende, Gemeinschaftswirtschaft. Darauf folgte die rasche Industrialisierung und etwas später die Globalisierung auf der Basis einer Kontrollwirtschaft zum Nutzen Einzelner. Nach und nach entwickelte sich ein Verdrängungs- und Vernichtungswettbewerb, der dazu führte, dass immer mehr Arbeitsplätze bis ans Ende der Welt verlagert wurden. Die westlichen Industriestaaten sind so nach und nach zu Konsumgesellschaften geworden, in denen die Produkte, die konsumiert, kaum noch selbst hergestellt werden.

Nun stellt sich die Frage, welche Wirtschaft wir für die Zukunft brauchen. Ich denke, es ist erlaubt, darüber nachzudenken, wie in den westlichen Konsumgesellschaften wieder eine auf gesundem Wettbewerb basierende Gemeinwirtschaft, wie z.B. die Solidarwirtschaft, aufgebaut werden könnte.

Kapitel 2: Einzelheiten zur Solidarwirtschaft

2.1. Was heißt Solidarwirtschaft?

Begriffserklärung - Definition.

Mittlerweile gibt es ein hohes Bewusstsein und unzählige Experten, Foren und Organisationen, die sich in der einen oder anderen Form mit alternativen Wirtschaftssystemen beschäftigen, wie z.B. Ökologische Wirtschaft, Ökosoziale Wirtschaft, Nachhaltige Wirtschaft, Regionalwirtschaft, Sozialwirtschaft, Postwachstumsökonomie, Solidarwirtschaft, Humanwirtschaft, Suffizienz Wirtschaft, Social Business, Gemeinwohlökonomie, u.v.m. Im Französischen gibt es noch einige Begriffe, die sich nicht so leicht übersetzen lassen, wie z.B. *l'économie d'effets, l'économie du lien, l'économie de plate forme*.
Daher stellt sich zunächst die Frage, wie man all diese Begriffe unter einen Hut bringen kann. Seit dem Ausbruch der Corona-Pandemie sind sich fast alle Institutionen einig, dass unsere Gesellschaft wieder mehr Solidarität braucht, was sie auch immer wieder zum Ausdruck. Deshalb denke ich, dass der Begriff Solidarwirtschaft sehr gut passt.

Definition bei Wikipedia

Unter dem Begriff Solidarwirtschaft, steht folgendes bei Wikipedia[4]:

> ***Solidarische Ökonomie*** *oder* ***Solidarische Wirtschaft*** *ist eine Form des Wirtschaftens, bei welcher Geld als Bewertungs- und Zahlungsmittel ganz oder teilweise durch andere Prozesse oder Vereinbarungen ersetzt wird. Sie nutzt dabei Elemente des Korporatismus und des Syndikalismus. Das Phänomen wird in den Gesellschafts–*

[4] http://de.wikipedia.org/wiki/Solidarische_Ökonomie – Datum des letzten Aufrufs: 26.3.2024

wissenschaften – Wirtschaftswissenschaft, Soziologie und Politikwissenschaft – untersucht.
Solidarwirtschaft bezieht sich auf bedürfnisorientierte, soziale, demokratische und ökologische Ansätze. Solidarökonomische Projekte sollen grundsätzlich in den Diensten des Menschen stehen. Weiterhin basiert sie häufig auf der Überzeugung, dass jeder Mensch Teil der Gesellschaft ist und seine Arbeit wesentlich zum Fortschritt beiträgt.

Diese Beschreibung trifft teilweise auch auf die Sozialwirtschaft zu.

Der Unterschied zwischen Solidarwirtschaft und Sozialwirtschaft kann vereinfacht wie folgt definiert werden: Die Solidarwirtschaft ist meiner Meinung nach ein Wirtschaftssystem zwischen der klassischen kapitalfinanzierten Wirtschaft und der Sozialwirtschaft, die vom Staat und/oder von NGOs finanziert wird.

2.2. Ziele der Solidarwirtschaft

Die Ziele die Solidarwirtschaft sind vielschichtig und befinden sich ebenso im gesellschaftlichen sowie im wirtschaftlichen Kontext und sind z. B. folgende:

Wiederherstellung der sozialen Bindung

Da die Menschen in unserer immer individualistischer werdenden Gesellschaft ihre sozialen Bindungen immer mehr auflösen, ist es notwendig, diese wieder herzustellen.
Der koreanische Philosoph Byung-Chul Han macht darauf aufmerksam, dass Menschen heute versuchen, sich selbst zu entwerfen. Sie machen sich zum Projekt der Ideale, die sie verinnerlicht haben. Sie werden nicht mehr von anderen ausgebeutet, sondern beuten sich selbst mehr zum Nutzen anderer als ihrer selbst aus. Denn die Ideale, die sie anstreben, sind gar nicht so frei gewählt, wie sie es sich vormachen.[5]

Eigentlich bringt Byung-Chul Han die heutige Problemlage auf den Punkt: das eigene ICH weiß vor lauter ICH gar nicht mehr, was und wohin es will.

Dem entgegenzuwirken wäre bisher als Freiheitsberaubung empfunden worden und hätte nicht funktioniert. Nun merken immer mehr Menschen selbst, dass dieses Ideal nicht zum Glück führt und auch, wie sehr sie missbraucht wurden und immer noch werden. Nun geht diese Zeit zu Ende und alle Verantwortlichen in Politik, Gesellschaft, Wirtschaft und Religion

---

5 https://en.wikipedia.org/wiki/Byung-Chul_Han - Datum des letzten Aufrufs: 15.8.2024

sind gefordert, eine neue Gesellschaft zu entwickeln, was einige Jahrzehnte dauern wird. Wenn man sieht, wie schnell der Veränderungsprozess in den 60er Jahren ging, könnte es auch schneller gehen, deshalb ist volle Konzentration notwendig, damit die richtigen Entscheidungen getroffen werden und wir nicht wieder in eine Sackgasse geraten.

Eine maßvolle Wirtschaft aufbauen

Gleich wie, den alten Funktionsweisen des Überflusses, sollte man nicht nachweinen, sondern wieder zum menschlichen Maß auch im spirituellem/religiösem Bereich zurückkehren.

Als Standardwerk für den Aufbau einer maßvollen Wirtschaft kann nach wie vor das Buch: *Small is Beautiful* von E.F. Schumacher aus dem Jahr 1973 gelten.
Dieses Werk erschien 1977 in deutscher Sprache unter dem Titel: *Die Rückkehr zum menschlichen Maß, Alternativen für Wirtschaft und Technik.*
Leider ist E.F. Schumacher in den letzten Jahrzehnten in Vergessenheit geraten und ich freue mich ganz besonders, dass Niko Paech 2019 dieses Buch neu aufgelegt hat. Das zeigt, dass die Strategie der *Rückkehr zum menschlichen Maß* von E.F. Schumacher hochaktuell wird bzw. schon ist. Ich denke, dass dieses Buch helfen kann, Strategien zu entwickeln, um wieder zu einer Wirtschaft mit Augenmaß zu kommen.
An dieser Stelle möchte den Text des Buchrückens, der deutschen Version zitieren.

> *Allenthalben gerät die Ökonomie, begriffen als Methode der Ausbeutung und Expansion, an ihr Ende. Der gewaltige Sprung in den wirtschaftlichen Gigantismus der letzten 15 Jahre hat zugleich auch die Krise erzeugt: die Grenzen sind sichtbar geworden.*
> *Small is beautiful. Der 1977 verstorbene britische Ökonom und ehemalige Wirtschaftsmanager E.F. Schumacher gilt heute als einer der Klassiker für eine alternative wirtschaftliche Denkweise und als einer der bedeutendsten Kritiker der technischen Zivilisation.*
> *„Die Stärke Schumachers: Verständliche Einsichten und praxisnahe Lösungsmöglichkeiten,"*

Im Moment denke ich, sollte man abwarten, wie sich die aktuelle Situation entwickelt, denn vieles wird sich von selbst ergeben. Ich persönlich habe den Eindruck, dass viele Menschen froh sind, dass durch die Corona-Pandemie und andere Krisen, einiges in Richtung weniger geht. Es kann aber auch sein, dass ich mich täusche und viele nur eine Pause machen wollen, um dann wieder mit voller Kraft in Richtung noch mehr durchzustarten.
Ich habe diesen Absatz Ende 2022 geschrieben und es scheint heute, Anfang 2024, als würde sich Letzteres bewahrheiten. Leider.

Sich selbst erwirtschaftende Arbeitsplätze schaffen

Die Solidarwirtschaft wird bzw. soll vor allem dazu dienen, neue Arbeitsplätze zu schaffen. Der britische Historiker Timothy Garton Ash sagte im Spiegel-Interview vom 14.7.2018, Seite 30 Folgendes:

> *[...] der Teil unserer Gesellschaft, der zur Uni gegangen ist, fühlt sich gut in einer kosmopolitischen Welt, aber der andere Teil fühlt sich vernachlässigt, marginalisiert, ignoriert und verachtet.*

Ich glaube, das liegt auch daran, dass Europa sich zu sehr globalisiert hat, was unter anderem dazu führte, dass viele Arbeitsplätze, die eigentlich für das einfache Volk gedacht waren, ans andere Ende der Welt verlagert wurden. Es geht demnach darum, wieder Arbeitsplätze für Menschen zu schaffen, die im heutigen Wirtschaftssystem keine oder nur geringe Chancen haben, sich eine Perspektive zu schaffen.
Philippe Messine, bringt es eigentlich in seinem Buch: *Les saturniens.* auf Seite 65 auf dem Punkt:

> *A cause de la technologie, l'homme rejeté par l'appareil économique et voué à l'inutilité sociale ne doit-il pas retrouver sa place et, du même coup, sa dignité?*

Dieser Satz ist nicht leicht zu übersetzen, doch hier ein Versuch:

> *Muss der Mensch, der vom wirtschaftlichen Apparat abgelehnt und der sozialen Untätigkeit (Unnützigkeit) geweiht ist, nicht aufgrund der Technologie seinen Platz und damit seine Würde wiederfinden?*

Förderung der Subsidiarität

Vor allem wird es darum gehen, das Subsidiaritätsprinzip, das Grundprinzip jeder Gesellschaft, im Bereich der Wirtschaft wieder zu etablieren.

Kurt Biedenkopf (2006, S. 64) beschreibt in seinem Buch *Die Ausbeutung der Enkel*, worum es dabei geht:

> *Ausgangspunkt ihrer (die Rothfelder Denkschrift) Überlegungen sind die Grundsätze der Solidarität und der Subsidiarität. Im Prinzip der Solidarität sehen sie die wechselseitige Verbundenheit und Verantwortlichkeit der Menschen, ausgedrückt in ihrer Bereitschaft, füreinander einzustehen. Diese im gesellschaftlichen Leben bestimmende Verbundenheit und Verantwortlichkeit wiederum wird geordnet durch das Verhältnis des einzelnen zu den kleinen Lebenskreisen, in denen er sich bewegt und deren Verhältnisse untereinander. Der Grundsatz der Subsidiarität regelt diese Beziehung.*
> *Grundsätzlich gilt: Was der Einzelne aus eigener Kraft und Verantwortung zu leisten vermag, soll die nächsthöhere Gemeinschaft nicht an sich ziehen. Ebenso soll diese keine Aufgaben*

übernehmen, die von den kleineren Lebenskreisen gemeistert werden können. Seine Begründung findet dieses Prinzip zum einen in der Freiheit und Würde des Menschen. Er darf von der Gesellschaft nicht entmündigt werden.

Dieser kurze Text fast eigentlich alles zusammen, was heutzutage von Bedeutung ist.

Da die Subsidiarität im Zusammenhang mit dem Aufbau alternativer Wirtschaftssysteme eine sehr große Bedeutung hat, möchte ich an dieser Stelle die Definition von Wikipedia[6] zitieren:

> ***Subsidiarität*** *(von lateinisch subsidium ‚Hilfe', ‚Reserve') ist eine Maxime, die eine größtmögliche Selbstbestimmung und Eigenverantwortung des Individuums, der Familie oder der Gemeinde anstrebt, soweit dies möglich und sinnvoll ist. Das* ***Subsidiaritätsprinzip*** *besagt daraus folgend, dass (höhere) staatliche Institutionen nur dann (aber auch immer dann) regulativ eingreifen sollten, wenn die Möglichkeiten des Einzelnen, einer kleineren Gruppe oder niedrigeren Hierarchie-Ebene allein nicht ausreichen, eine bestimmte Aufgabe zu lösen. Anders gesagt bedeutet dies, dass die Ebene der Regulierungskompetenz immer „so niedrig wie möglich und so hoch wie nötig" angesiedelt sein sollte.*
> *Das Subsidiaritätsprinzip ist ein wichtiges Konzept für föderale Bundesstaaten wie Deutschland, Österreich, die Vereinigten Staaten oder die Schweiz sowie für föderale Staatenverbünde wie die Europäische Union. Es ist auch zentrales Element des ordnungspolitischen Konzepts der sozialen Marktwirtschaft.*

Wenn also ein Produkt auf lokaler oder regionaler Ebene hergestellt werden kann, dann sollte es auch dort hergestellt werden. Die nächsthöhere Ebene sollte diese Arbeit nicht übernehmen und die globale Ebene schon gar nicht.

Förderung der Kommunikation und der Kooperation

Da Kommunikation und Kooperation für den Aufbau einer Solidarischen Ökonomie sehr wichtig sind, verfolge ich mit dieser Arbeit auch das Ziel, darüber nachzudenken, wie diese wieder verbessert werden können.

[6] http://de.wikipedia.org/wiki/Solidarische_Ökonomie – Datum des letzten Aufrufs: 26.3.2024

Förderung der Resilienz-Fähigkeit

Claus Leggewie & Harald Welzer (2010, S. 201) beschreiben in ihrem Buch *Das Ende der Welt, wie wir sie kannten*, worum es bei der Resilienz-Fähigkeit geht:

> *Selbstermächtigung und Widerstandsfähigkeit scheinen uns für eine Gesellschaft, die eventuell mit extremen und katastrophalen Veränderungen des Klimas und raschem sozialem Wandel zurechtkommen muss, entscheidende Fähigkeiten „jenseits von Staat, Markt und Technik" zu sein. Deshalb definiert die Katastrophenforschung solche sozialen Systeme als resilient, die ihre zentralen Funktionen auch dann aufrechterhalten können, wenn sie unter extremen Wandlungsdruck von außen geraten.*

Sonstige Ziele

- Durch Vernetzungen Chancen nutzen, die ein Unternehmen allein nicht nutzen könnte.
- Aufwertung der Kleinwirtschaft und des Handwerks.
- Chancen für nachhaltige und handwerkliche Arbeit schaffen.
- Wettbewerbssteigerung der Kommunen und der Regionen.
- Stärkung der lokalen/regionalen Autonomie.
- Alternative Investitionsmöglichkeiten schaffen.
- Lokale/regionale Wirtschaftsstrukturen aufbauen.
- Die Arbeit und somit die Mehrwertschaffung bleiben in der Kommune.
- Bessere Nutzung des lokalen Potentials, der Stärken und Ressourcen.
- Chancen für Existenzgründungen schaffen.

2.3. Gesellschaftliche Aufgabe der Solidarwirtschaft

E.F. Schumacher (1977, S. 159) schrieb in seinem Buch im Kapitel *Gesellschaftliche und wirtschaftliche Aufgaben, die die Entwicklung einer mittleren Technik erfordern*:

Die wirkliche Aufgabe lässt sich in vier Thesen formulieren:

- *Erstens müssen Arbeitsplätze in den Gebieten geschaffen werden, wo die Menschen jetzt leben, und nicht in erster Linie in Großstadtbereichen, wohin sie sonst wandern würden.*
- *Zweitens müssen diese Arbeitsplätze im Durchschnitt billig genug einzurichten sein, so dass eine große Zahl davon zur Verfügung gestellt werden kann, ohne dass Kapitaleinsatz und unerschwingliche Einfuhren von Maschinen erforderlich sind.*

- *Drittens müssen die angewandten Produktionsverfahren relativ einfach sein, so dass nur ein Mindestmaß an Facharbeit erforderlich ist. Das gilt nicht nur für den eigentlichen Produktionsprozess, sondern auch für die Organisation, die Rohmaterialbeschaffung, die Finanzierung, den Vertrieb und so weiter.*
- *Viertens muss hauptsächlich aus einheimischen Materialien und hauptsächlich zum Verbrauch am Ort produziert werden.*

In diesen vier Thesen von E.F. Schumacher liegen auch die Chancen bzw. Wettbewerbsvorteile der Solidarwirtschaft, auf die ich später eingehen werde.

Auch wenn vieles von dem, was Schumacher schreibt, eher auf Indien angewendet ist, könnte manches inzwischen auch auf alle Industriestaaten zutreffen. Gerade deshalb, weil Regionalwirtschaft, Kreislaufwirtschaft und andere Chancen zum Aufbau einer Solidarwirtschaft in den Industriestaaten einbezogen werden könnten.

2.4. Gleichberechtigung zwischen Arbeit, Kapital und Material

Die Solidarwirtschaft sollte in erster Linie darauf beruhen, dass die Geber von Arbeit, Kapital und Material gleichberechtigt und gleichverantwortlich agieren und operieren.
Ich stelle mir vor, dass der heutige Arbeitnehmer zum Arbeitgeber wird, indem er seine Arbeit, sein Wissen und Können dem Unternehmen zur Verfügung stellt, so wie der Kapitalgeber sein Geld und der Materialgeber z.B. das bereits vorhandene und möglichst abgeschriebene Gebäude zur Verfügung stellt. Alle sind dann gleichberechtigt an der Wertschöpfung beteiligt.
Durch die jeweilige direkte Beteiligung ist auch das Risiko gleich verteilt. Sollte das Unternehmen keine Gewinne erwirtschaften, kann die Beteiligung am Unternehmen durch die geleistete Arbeit dennoch erhöht werden.

Da die Solidarwirtschaft jedoch nicht für den Hochtechnologiebereich, sondern eher für den Niedrig- und Mitteltechnologiebereich in Frage kommt, wird es kaum möglich sein, Gewinne zu erwirtschaften. Somit steht auch in der Solidar- und Kreislaufwirtschaft der Nutzen und nicht der Profit im Vordergrund. Dies ist notwendig, damit die Unternehmen unabhängig bleiben und die Gewinne nicht zur Rückzahlung von Krediten

verwendet werden müssen. Nur so gibt es keine finanziellen Verpflichtungen und es müssen keine Gewinne für Zinsen erwirtschaftet werden.
Auf die Unterstützung von Banken oder anderen profitorientierten Geldgebern wird man beim Aufbau der Solidarwirtschaft kaum zählen können.

Ich stelle mir unter Solidarwirtschaft auch ein Wirtschaftssystem vor in dem

- die Menschen, die die Arbeit verrichten und somit die Fähigkeiten und das Wissen haben bzw. einbringen,
- die Kapitalgeber, die ihr meist überschüssiges Geld zur Verfügung stellen und
- die Sachbesitzer von Infrastruktur, Maschinen, Grundbesitz

gleichberechtigt miteinander agieren bzw. operieren.

Durch die Gleichberechtigung der drei Akteure Kapital, Material und Arbeit werden alle Beteiligten zu Partnern und damit zu Gebern.

Es geht also nicht mehr in erster Linie darum, wem etwas gehört, sondern auch darum, wer die Arbeit macht bzw. wer die Fähigkeiten und das Wissen hat.

Dadurch entsteht eine gegenseitige Abhängigkeit, die dann verhindert, dass z.B. der Kapitalgeber, sobald die Rendite nicht mehr hoch genug ist, sein Geld nicht mehr aus dem System abzieht, um es anderswo zu investieren.
Dadurch, dass die Menschen, die die Arbeit machen und ihr Können und Wissen als wertvollstes Gut gleichberechtigt einbringen, entsteht auch eine ganz andere Identität mit dem Unternehmen, in dem sie arbeiten. Mit dieser Identität entwickelt sich auch ein anderes Verhältnis der Mitarbeiter, die nicht mehr Arbeitnehmer, sondern Arbeitgeber sind, indem sie ihre Arbeitsleistung einbringen. Der Materialgeber stellt seine vorhandene Infrastruktur, vorhandene Maschinen etc. zur Verfügung, wodurch hohe Investitionen vermieden werden können. In erster Linie soll auf vorhandenes Material zurückgegriffen werden, das oft schon amortisiert ist.
Alle drei Akteure sind somit entsprechend ihrer Beteiligung an Gewinn und Risiko anteilig. Schematisch könnte man die Interaktionen einer Solidarwirtschaft wie folgt darstellen:

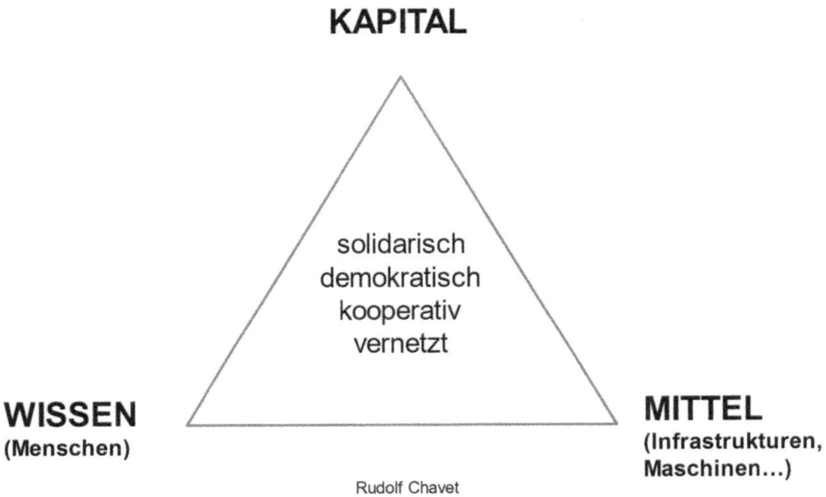

Rudolf Chavet

Wissen steht für den Menschen, der mit seinen Fähigkeiten und Erfahrungen die Arbeit verrichtet, und ist heute oft mehr wert als Kapital.

Die Solidarwirtschaft könnte also den heutigen Kapitalismus zähmen und wieder in vernünftige Bahnen lenken, wodurch die Möglichkeit für eine Art sozialen Kapitalismus entsteht.
Den Kapitalismus, wie ihn Adam Smith (1776) in seinem Buch *Wohlstand der Nationen*, dem vielleicht wichtigsten ökonomischen Manifest aller Zeiten, beschrieben hat, gibt es ohnehin schon lange nicht mehr. Keinesfalls möchte ich den Kapitalismus abwerten, doch bedarf er dringend einer überfälligen Korrektur.

Wie sagt Robert & Edward Skidelsky, in seinem Buch: *Wie viel ist genug?* Auf Seite 13:

> *Der Kapitalismus ist ein zweischneidiges Schwert. Auf der einen Seite hat er enorme Verbesserungen der materiellen Lebensbedingungen ermöglicht. Auf der anderen Seite hat er einige der hässlichsten menschlichen Eigenschaften wie Gier, Neid, und Geiz verklärt.*

Im Prinzip könnte die Solidarwirtschaft ein Ersatz für die früher weit verbreiteten Wirtschaftssysteme der vernetzten lokalen Wirtschaftsstrukturen sein, die aus kleinen Familienbetrieben bestehen, in denen mehrere Unternehmen wie in einer Mikro-Kreislaufwirtschaft zusammenarbeiten.

Generell denke ich, dass in den westlichen Industrieländern ein Ersatz für die durch die Globalisierung verschwundenen kleinen Familienbetriebe geschaffen werden sollte.

2.5. Gesellschaftsform

Für den Aufbau alternativer Wirtschaftssysteme müssen daher auch neue oder in Vergessenheit geratene Gesellschaftsformen genutzt und neue Wege und Unternehmensbeteiligungen gefunden werden. Dies auch deshalb, weil Start-ups heute sehr viel Know-how und auch sehr viel Startkapital benötigen. Eine Möglichkeit ist die Gründung von Genossenschaften, in denen sich mehrere Akteure zusammenschließen und die notwendigen Kompetenzen und Finanzierungen bündeln. Diese Idee ist nicht neu und hat in der Vergangenheit sehr gut funktioniert.

Dabei ist zu berücksichtigen, dass die Macht heute immer mehr in den Händen derer liegen sollte, die die Arbeit machen und das Know-how haben, und weniger in den Händen des Kapitals. Grund hierfür ist auch, dass es zunehmend weniger Menschen gibt, die bereit sind, hauptsächlich manuelle Arbeit zu leisten, während andererseits immer mehr Kapital vorhanden ist, das kaum noch sinnvoll investiert werden kann. Ideal wäre es also, wie bereits beschrieben, ein Gleichgewicht zwischen Arbeit sowie Know-how und Geld zu schaffen, das alle Beteiligten zu Gewinnern macht.

Das Unternehmen, das sich selbst gehört und finanziert, könnte somit eine Strategie für den Aufbau alternativer Wirtschaftssysteme wie z. B. der Solidarwirtschaft sein.

Zunächst muss klargestellt werden, dass für den Aufbau alternativer Wirtschaftssysteme von allem genug vorhanden ist. Es gibt genug leerstehende amortisierte Industriegebäude, Geschäfte, fleißige Hände und Berge von Geld, die nicht gebraucht werden, sondern nur um den Globus kreisen, um sich ständig zu vermehren. Es geht also darum, dass alle Interessengruppen ihren Anteil an den neu zu schaffenden Wirtschaftsstrukturen einbringen und dass alle gleichberechtigt sind. Nicht mehr, aber auch nicht weniger. Dann bleibt genug für alle und nicht nur möglichst viel für wenige. Eine Lösung wäre der Aufbau einer selbsttragenden Wirtschaft, in der Arbeit, Kapital und materielle Ressourcen wie Maschinen und Gebäude von verschiedenen Parteien eingebracht werden. So können alle Gruppen gleichberechtigt an der Entwicklung eines Unternehmens teilhaben.

Da immer weniger Menschen arbeiten wollen und auch nicht mehr arbeiten müssen, könnten insbesondere Menschen, die im heutigen

Wirtschaftssystem keine oder nur geringe Chancen haben, die Möglichkeit erhalten, Teilhaber eines Unternehmens zu werden. Meiner Meinung nach bekommt der Einzelne so auch die Möglichkeit, in sich selbst zu investieren und nicht nur in Kapital. Das würde bedeuten, so etwas wie eine Investitionsgemeinschaft oder eine Investitionsgesellschaft zu gründen, an der sich jeder beteiligen kann.

Mit dieser Arbeit möchte ich also – ich wiederhole es bewusst – einen ersten Ansatz eines praxisorientierten Strategiekonzeptes für den Aufbau eines kooperativen, einfachen, nachhaltigen, ökologischen, humanen, sozialen und gesellschaftlichen Wirtschaftssystems mit niedriger und mittlerer Technologie beschreiben. Dieses Wirtschaftssystem könnte man Solidarwirtschaft nennen. Das wäre dann auch eine Alternative zur globalen Wettbewerbswirtschaft, hin zu einer natürlichen, gesellschaftsnahen Kooperationsökonomie.

Ich persönlich glaube, dass die Grundvoraussetzung für zukünftige Gesellschafts- und Wirtschaftsformen vor allem darin besteht, dass alle Interessengruppen miteinander kooperieren und alle Synergien gebündelt werden. So bleibt auch die Wertschöpfung im System bzw. bei denen, die die Arbeit machen und verschwindet nicht auf den globalen Finanzmärkten. Ich denke, es könnte ein System sein, in dem der ehemalige Arbeitnehmer zum Arbeitgeber wird. Er gibt seine Arbeit, sein Wissen und seine Fähigkeiten, sowie andere das notwendige Kapital geben oder materielle Geber sind (Infrastruktur, Maschinen, Rohstoffe, usw.). Alle Beteiligten sind dann gleichermaßen an der Wertschöpfung und damit am Gewinn beteiligt und tragen auch gemeinsam die gleiche Verantwortung.
Auf diese Weise könnte auch die Wirtschaft zumindest teilweise zum Gemeingut werden und somit der Gemeinschaft gehören. Dies wäre dann auch eine Möglichkeit, die in den Industrieländern verloren gegangene Solidarität in der Bevölkerung wieder zu stärken.

2.6. Finanzierung der Solidarwirtschaft

Finanzierung heißt auch immer Eigentumsrecht, auf welches ich an dieser Stelle gerne eingehen möchte. Auf der Internetseite CHEManager.com[7] finden Sie einen sehr interessanten Eintrag darüber, wie z.B. die Eigentümerrechte für die Solidarwirtschaft sein könnten. Hier nur einige die ich erwähnen möchte.
„Zitat“

---

[7] https://www.chemanager-online.com/news/sehnsucht-nach-sozialer-marktwirtschaft - letzter Aufruf: 27.03.2024

Prinzipien des Verantwortungseigentums

Verantwortungseigentum beschreibt eine Form von Eigentum an einem Unternehmen, bei der unternehmerische Nachhaltigkeit generationenübergreifend sichergestellt werden kann und der Sinn und Zweck des Unternehmens höchste Priorität genießen. Dies kann bei gängigen Unternehmensformen wie der Aktiengesellschaft oder GmbH bislang rechtlich nicht garantiert werden. Denn im deutschen Gesellschaftsrecht gilt ein Unternehmen als eine Sache, kann also jederzeit von seinem Eigentümer zum persönlichen finanziellen Vorteil verkauft werden. Im Gegensatz dazu folgen Unternehmen in Verantwortungseigentum zwei zentralen Prinzipien:

Sinnprinzip: Gewinne sind Mittel zum Zweck:
Die Unternehmenseigentümer haben keinen Anspruch auf Gewinnausschüttungen und Vermögensanteile an ihrem Unternehmen. Erwirtschaftete Gewinne dienen primär dem Unternehmenszweck: Sie werden reinvestiert, zurückgelegt, für bessere Löhne genutzt oder gespendet, aber nicht ausgeschüttet.

Selbstbestimmungsprinzip: Unternehmerschaft = Eigentümerschaft
Das Unternehmen kann zudem nicht zur persönlichen Bereicherung verkauft werden und somit sozusagen in „Fremdeigentum" geraten, zum Beispiel in die Hände eines Hedgefonds. Vermögensanteile verbleiben grundsätzlich im Unternehmen – und die Eigentümerschaft und die Kontrolle über das Unternehmen immer bei Menschen, die mit dem Unternehmen verbunden sind.

Für weitere Informationen lesen Sie bitte den vollständigen Interneteintrag. Somit stellt sich zunächst die Frage, wie die Solidarwirtschaft finanziert werden soll. Deshalb möchte ich zu Beginn dieses Buches auch auf diese Frage eingehen und insbesondere darauf hinweisen, dass unser Gesellschafts- und Wirtschaftssystem wieder einen verantwortlichen Kapitalismus braucht. Was ich damit meine, möchte ich im Folgenden kurz beschreiben.

Verantwortungsbewusster Kapitalismus

Es gibt einen Gesellschaftsvertrag zwischen Bevölkerung, Kapital und Politik. Dieser Vertrag gilt in der Regel innerhalb einer Region, in der sich alle Beteiligten befinden.
Schleichend, fast über Nacht und im Verborgenen entzieht sich das Kapital immer mehr seinen Bindungen. Ich persönlich habe den Eindruck, dass die Gewinne nicht mehr schnell genug dort realisiert werden können, wo

sie erwirtschaftet wurden. Um weitere Gewinne zu erzielen, wird das Geld somit anderswo investiert. Damit fehlt dieses Geld im Kreislauf des Umfeldes, in dem es erwirtschaftet wurde. Deshalb glaube ich auch, dass die daraus resultierende mangelnde Investitionsbereitschaft dazu führt, dass die regionale Wirtschaft vor Ort immer mehr geschwächt wird. Um dem entgegenzuwirken, muss die lokale regionale Wirtschaft durch einen verantwortlichen Kapitalismus wieder gestärkt werden.

Das Kapital wird sich meiner Meinung nach ohnehin bald folgende Fragen stellen müssen. Was kommt danach

- wenn es sich nicht mehr lohnt, in der Region unternehmerisch tätig zu sein?
- wenn in den westlichen Industrieländern kaum noch produziert wird, weil es sich nicht mehr lohnt? (das gilt besonders für die Landwirtschaft.)
- wenn Geld nur noch mit Geld gemacht wird?
- wenn es sich vor lauter Reichtum nicht mehr lohnt, Geld anzuhäufen?
- wenn sich nichts mehr lohnt?
- wenn es sich vor lauter Preisdumping, Konkurrenz, Wettbewerb nicht einmal mehr lohnt, am anderen Ende der Welt Autos, Fernseher, Handys zu produzieren?
- wenn sich kaum noch jemand die Hände schmutzig machen will, weil es sich nicht mehr lohnt?

Literaturhinweis:

Wolf Lotter beschreibt in seinem Buch *Zivilkapitalismus, wir können auch anders, 2013,* auf vortreffliche Weise, wohin sich der Kapitalismus in Zukunft hinbewegen sollte.
Folgender Satz auf Seite 25 hat mich ganz besonders angesprochen:

> *Zivilkapitalismus ist nicht die Fortsetzung des alten Kapitalismus. Zivilkapitalismus ist ein Systemwechsel im eigentlichen Sinn: Er ist basisökonomisch und basisdemokratisch. Ein wirtschaftliches System, das im Gegensatz zur Demokratie steht, ist nicht zivilkapitalistisch.*

Sein Vorschlag zielt darauf ab, einen zivilen Kapitalismus zu schaffen, dessen Wesen er auf den Seiten 212 bis 223 wie folgt zusammenfassend beschreibt:

> *Die offene Gesellschaft steht an ihrem Anfang. Ob sie sich dauerhaft entwickeln wird, hängt von der Bereitschaft ihrer Teilnehmer ab, das Werkzeug der Wirtschaft, den Kapitalismus, selbst zu führen – und seine Anwendung nicht anderen zu überlassen. Wie mit der*

Wirtschaft verhält es sich auch mit der Politik. Das Delegieren von Verantwortung und Entscheidung hat ausgedient. Es ist ein Relikt aus Zeiten, in denen Menschen nicht reif und nicht klug genug waren, um sich um ihre eigenen Angelegenheiten zu kümmern. Für die Zivilgesellschaft gilt, was John Rawls als Wesensmerkmal der Gesellschaft an sich definierte, nämlich ein „Unternehmen der Zusammenarbeit zum gegenseitigen Vorteil" zu sein. Dazu müssen wir den Kapitalismus als Werkzeug anzuwenden – und die falschen Anklagen gegen ihn fallen zu lassen. Statt einen Schuldigen für unsere eigene Unmündigkeit zu suche, sollten wir lieber darüber nachdenken, wie wir vollständig mündig werden. Bedienen wir uns also unseres Verstandes. Die folgenden Zehn Punkte beschreiben den Kern des zivilen Kapitalismus, den die Zivilgesellschaft braucht.

1. *Wir sind erwachsen*
   Wir sind Zivilgesellschafter, Erwachsene der moderne, und wir wissen, was wir wollen.
2. *Wir sind selbstbestimmt*
   Zivilgesellschafter bauen auf das Prinzip der Hilfe zur Selbsthilfe, der Subsidiarität
3. *Wir ermöglichen Zugänge*
   Schulen und Bildungseinrichtungen erziehen vor allen Dingen zur Selbstständigkeit und nicht, wie heute, zum Mitmachen und zur Unterordnung.
4. *Zivilkapitalisten gehören sich selbst*
   Wirtschaft muss barrierefrei sein. Im Zivilkapitalismus stehen alle verfügbaren Mittel und Wege offen, um Eigeninitiative und Selbstständigkeit zu fördern.
5. *Zivilkapitalismus ist eine Graswurzelbewegung.*
   Zivilkapitalismus ist eine öffentliche Angelegenheit. Er ist nicht die Sache von Menschen in dunklen Anzügen. Zivilkapitalismus legt Wert aufs Teilen und teilt sich mit.
6. *Zivilkapitalismus ist Realwirtschaft*
   Zivilkapitalisten sind Sozialunternehmer, weil sie sich darüber im Klaren sind, dass ihr ökonomisches Handeln und ihre Innovationen andere Menschen beeinflussen. Der politisch gewollte Gegensatz zwischen Markt und Gemeinwesen ist überholt.
7. *Zivilkapitalismus ist Interesse am anderen.*
   Zivilkapitalismus ist kooperativer Kapitalismus.
8. *Zivilkapitalismus stärkt die Übersichtlichkeit*
   Kommunen und Regionen stehen über einem Zentralstaat oder supranationalen Gebilden, die sich nach dem Muster der alten Nationalstaaten entwickelt und sich von den Bürgern massiv entfremdet haben.

9. Zivilkapitalisten sind fortschrittlich
10. Was zu tun ist
Nehmen wir das Werkzeug auf. Beschaffen wir uns Wissen, Strukturen und Methoden zur Selbstständigkeit. Besserung ist nur durch uns selbst zu erwarten, ganz so, wie Leo Tolstoi es sagte: „Damit die Lage der Menschen besser wird, müssen die Menschen selbst besser werden." Das ist harte Arbeit. Aber es gibt immer noch eine ganze Welt zu gewinnen.

Diese 10 Kernaussagen haben es in sich und es ist trotz harter Arbeit notwendig, damit zu beginnen.

2.7. Chancen der Solidarwirtschaft

Da die Solidarwirtschaft nicht oder kaum im Hochtechnologiesektor, sondern im Niedrig- und Mitteltechnologiesektor angesiedelt sein wird, müssen andere Chancen genutzt werden, um wettbewerbsfähig zu sein.
Einige dieser möglichen anderen Chancen möchte ich nachfolgend kurz beschreiben.

Regional produzieren und konsumieren

Wir haben es uns in der westlichen Welt viel zu lange bequem gemacht und andere machen lassen. Meines Erachtens wurden seit den 1960er Jahren in den Industrieländern nach und nach alle traditionellen Wirtschaftssysteme aufgegeben, die im globalen Kontext keine Überlebenschance mehr hatten bzw. haben sollten. Das hat dazu geführt, dass es heute in den Industrieländern nur noch ein globales Wirtschaftssystem gibt, in dem z.B. die lokale Regionalwirtschaft kaum noch eine Chance hat. Die heutigen Krisen zeigen, wie fragil unser globales Wirtschaftssystem ist und wie dringend alternative Wirtschaftssysteme entwickelt werden müssen.

Jetzt gilt es, die Dinge wieder selbst in die Hand zu nehmen. Das ist keine leichte Aufgabe, aber ein großes Abenteuer. Eine Möglichkeit liegt auch im Aufbau regionaler Wirtschaftsstrukturen und der Solidarwirtschaft. Dabei ist es auch wichtig, die in der Vergangenheit bewährten Wirtschaftssysteme zu berücksichtigen. Ein solches Wirtschaftssystem ist die Regionalwirtschaft.
Eine für mich schlüssige Definition von Regionalwirtschaft habe ich leider noch nicht gefunden. Deshalb erlaube ich mir, eine eigene Definition zu formulieren:

> Das Grundprinzip dieser Wirtschaftsform ist, dass alles, was vor Ort, also lokal und regional produziert werden kann, auch dort produziert wird. Durch diese Wirtschaftsform könnten wieder viele

Arbeitsplätze geschaffen werden, die im Zuge der Globalisierung teilweise bis ans Ende der Welt verlagert wurden.

Es macht ohnehin keinen Sinn, Waren rund um den Globus zu transportieren, wenn sie vor Ort produziert werden können.

Es geht also darum, die Wirtschaft wieder auf ein vernünftiges Maß zurückzuführen. Wie das funktionieren könnte, habe ich in meinem Buch *Renaissance der Regionalwirtschaft*, 2015 beschrieben.

Kreislaufwirtschaft

Durch eine systematische Vernetzung von Unternehmen entsteht ein Kreislaufwirtschaftssystem, in dem die Mehrwertschaffung im System bleibt.

Durch die Vernetzung entstehen auch eine gegenseitige Abhängigkeit und ein geringeres Risiko.

Meiner Meinung nach bietet die Kreislaufwirtschaft weitere Vorteile gegenüber der globalen Wirtschaft, die auch Chancen und Erfolgsfaktoren sind. Dies sind z.B.:

- Kurze und direkte Transportwege
- Minimale Verpackung
- Geringe Lager- und Kühlkosten
- Weniger Energieverbrauch
- Wenig bis keinen Abfall
- Wenig Bürokratie und Kontrolle
- Interessante Anlagealternative
- Mehr Biodiversität
- Wertschöpfung bleibt im System
- Kooperation, Vernetzung, Zusammenarbeit

All diese Chancen und Erfolgsfaktoren ermöglichen es der Solidarwirtschaft, sich auf dem Weltmarkt zu positionieren.

Rentabilität statt Profit

Das bestehende Wirtschaftssystem ist global und profitorientiert. Die Chance der Solidarwirtschaft liegt darin, nicht den Profit, sondern die Zukunftsfähigkeit in den Mittelpunkt zu stellen. Die hier oben beschriebenen Chancen und Erfolgsfaktoren ermöglichen auch eine andere Kalkulation und damit Finanzierung, wodurch die Zukunftsfähigkeit gegeben ist.

Ganzheitliche Ökologie

Ob regenerative Energie, Lebensmittel aus der Region oder andere Wirtschaftsbereiche. Wird es wird in Zukunft darum gehen, mit den Ressourcen und damit der Schöpfung schonend umzugehen, was in erster Linie

bedeutet, auf alles Überflüssige zu verzichten und wieder eine ökologische, nachhaltige, schöpfungsgerechte und damit ganzheitliche Ökologie aufzubauen.
Durch den Wettbewerb wird unendlich viel Energie – vor allem menschliche Energie – vergeudet, was zukünftig unbedingt vermieden werden muss, damit diese Energie in die Bewältigung der aktuellen Probleme investiert werden kann.

Eine der größten Verschwendungen liegt meines Erachtens in den zwischenmenschlichen Beziehungen und in der Fähigkeit, die Zukunft wieder gemeinsam zu gestalten. In vielen Fällen haben wir eine riesige Menge an Menschen und damit an Ideen und Talenten, aber wir schaffen es nicht, die einfachsten Dinge gemeinsam zu tun, um wirklich voranzukommen. Wir wissen auch nicht, was wir tun sollen, was nicht und wie und welche Prioritäten wir setzen sollen. In vielen Bereichen scheint mir das Motto zu sein: Von allem ein bisschen, aber kein Risiko Das führt dazu, dass vieles nur halbherzig gemacht wird und dadurch noch mehr Ressourcen verschwendet werden.

Nach jahrzehntelanger Förderung der Wegwerfgesellschaft, in der die Verschwendung von Ressourcen sogar ein existenzielles MUSS ist, hat man sich auch daran gewöhnt, menschliche Ressourcen mit ihren Talenten zu verschwenden. Ich selbst habe den Eindruck, dass das Bemühen um Ressourcenmanagement in vielen Fällen als Rationalisierungsmöglichkeit und damit als existenzbedrohend und arbeitsplatzvernichtend angesehen und eher boykottiert als gefördert wird.
Die Frage, die sich dann stellt, lautet: Können wir uns diesen Zustand noch leisten oder nicht?

Vor dem Hintergrund, dass Ressourcen in allen Bereichen, ob Zeit, Geld, Rohstoffe, engagierte Humanressourcen immer weniger zur Verfügung stehen, würde ich die obige Frage verneinen und vorschlagen, darüber nachzudenken, wie man tatsächlich mit Ressourcen umgeht. Das gilt für alle Bereiche der Gesellschaft, also auch für Kunst, Bildung, Sport, Religionen, u.Ä.

Potential der Solidarwirtschaft

Das Potenzial der Solidarwirtschaft liegt auf mehreren Ebenen.
Zunächst liegt das Potenzial auf der Ebene der Beschäftigten, die

- im bestehenden System wenig Chancen haben oder bekommen, ihr Potenzial zu entfalten,
- neue Perspektiven suchen und bekommen,
- eher handwerklich und kreativ arbeiten wollen,
- nicht in High-Tech-Bereichen arbeiten wollen.

Zum anderen liegt das Potenzial darin, dass viele kleine, verbrauchernahe Unternehmen und damit Arbeitsplätze für den lokalen Markt entstehen könnten.
So könnte auch ein wettbewerbsfähiges Netzwerk geschaffen werden, das sich im globalen System positionieren kann. Nur so kann ein eigenständiges, wettbewerbsfähiges System aufgebaut werden.

Schlussfolgerung

All diese Chancen, Potenziale, Wettbewerbsvorteile etc. können aber nur genutzt werden, wenn es gelingt, die vorhandenen Ressourcen effizient einzusetzen und in Kooperation mit Partnern gemeinsame Interessen zu verfolgen. Hier stehen wir heute noch am Anfang und es besteht dringender Handlungsbedarf – auch um in diesen Systemen wieder Arbeit zu schaffen. Durch die Solidarwirtschaft könnte sehr viel Energie eingespart werden und die maschinenunterstützte Handarbeit hätte ebenso wieder eine Chance.
All dies ist sehr mühsam und wird nur in Zusammenarbeit mit allen betroffenen Organisationen und Institutionen – einschließlich der Kirchen – möglich sein. Alles andere wäre viel zu riskant, kostenintensiv und nicht konkurrenzfähig. Dies ist aber in unserer ressourcenverschwendenden und individualistischen Zeit und Gesellschaft sehr schwierig und fast unmöglich geworden.

Auch wenn es utopisch erscheinen mag, glaube ich, dass es der einzige Weg ist, alle Aktivitäten in den Dienst der Sache und somit der Gesellschaft zu stellen und zu einer gemeinsamen Aktivität zu machen.

Kapitel 3 Kontext

Der Kontext ist vielschichtig und schwer zu beschreiben. Dies vor allem deshalb, weil wir in einem historischen Moment leben, in dem sich meiner Meinung nach einige Dinge auflösen und eine neue Gesellschaft im Entstehen ist.
Deshalb beschränke ich mich bei der Beschreibung des Kontextes auf einige Bereiche, in denen ich mich ein wenig auskenne.

3.1. Kontext der Arbeit

In den letzten Jahrzehnten hat man sich ganz auf die hochspezialisierte bzw. technologische Arbeit konzentriert. Alles andere, insbesondere die manuelle Arbeit, wurde vernachlässigt und hat in unserem technologisch-ökonomischen System keinen Stellenwert bzw. keine Anerkennung mehr. Manuelle Arbeit wurde in den Industrieländern weitgehend wegrationalisiert oder an den Rand der Welt verlagert. Dies hat damit zu tun, dass die Tradition der Arbeit, insbesondere der manuellen Arbeit, verloren gegangen ist. Die große Herausforderung für die Arbeitswissenschaft besteht deshalb darin, die Chancen und Potenziale manueller Arbeit wieder in den Mittelpunkt ihrer Tätigkeit zu stellen und ihr mehr Sinn zu geben.

Auch wenn die Auseinandersetzung mit diesem sehr komplexen Thema Aufgabe der Arbeitspsychologie ist, möchte ich dennoch kurz darauf eingehen. Grund dafür ist, dass im Zusammenhang mit dem Aufbau der Solidarwirtschaft die Veränderung des Charakters der Arbeit eine entscheidende Rolle spielen wird. Der Begriff des *technologisch durchkonstruierten „Ende der Arbeit“,* aus dem Buch mit dem Titel *Lieben und arbeiten*, von Dorothee Sölle, 1998, S. 229, zeigt deutlich, in welcher Situation sich Arbeit heute befindet. Somit gilt es zunächst das Wesen der Arbeit durch alternative Wirtschaftssysteme zu verändern.
Es geht auch darum, darüber nachzudenken, wie eine Wirtschaft aufgebaut werden kann, in der Arbeit bzw. Wirtschaft einen Geist, eine Seele, eine Spiritualität, einen Sinn bekommt.

Wesen der Arbeit für die Solidarwirtschaft

Der Aufbau der Solidarwirtschaft und einer Ökosozialen Marktwirtschaft erfordert bzw. bedingt daher auch ein anderes Verhältnis zur Arbeit als heute. Das Wesen der Arbeit wird dabei mehr ein Engagement für das Gemeinwohl als ein Engagement für sich selbst sein. Obwohl viel über Arbeit geschrieben und diskutiert wird, gibt es wenig Literatur darüber, wie die Arbeit selbst und das Verhältnis zu ihr verändert werden könnten. Ich beschränke mich daher auf einige Auszüge aus verschiedenen Literaturquellen und Aussagen von Experten.

Besonders bemerkenswert erscheint mir eine Aussage von Sigmund Freud:

> *Sigmund Freud wurde einst gefragt, was ein normaler Mensch gut können müsse. Der Fragende erwartete vermutlich eine tiefgehende Antwort. Freud soll aber lediglich gesagt haben: "Lieben und arbeiten – Gesundheit ist die Fähigkeit lieben und arbeiten zu können." Bei den Römern hieß Muße otium und Arbeit negotium, also Nicht-Muße. Laut Bibel hat der Mensch Ähnlichkeit mit Gott. Unter diesem Blickwinkel wird Arbeit zur Mitwirkung am göttlichen Schöpfungswerk.* (Hans-Karml Seeger in: *„Was mich ärgert, hat mit mir zu tun“* (Nick emotion Medienproduktion, Biller Beck 2019) (Christ in der Gegenwart 5.2020 S 61)

Freuds Kommentar ist besonders hilfreich, um zu erkennen, dass wir im Zusammenhang des Strukturwandels in unserem Wirtschafts- und Gesellschaftssystem in Zukunft den Bezug zu Arbeit überdenken müssen. Als erstes gilt es ihr wieder einen Sinn zu geben.

Dorothea Söll (1998, S.123) schreibt in ihrem Buch *Lieben und Arbeiten*:

> *Der Sinn der menschlichen Arbeit hat drei wesentliche Dimensionen.*
> *Dorothea Söll nennt diese Dimensionen:*
>
> > *Selbstausdruck des Menschen*
> > *Soziale Beziehungshaftigkeit*
> > *Versöhnung mit der Natur*
>
> *Diese drei Dimensionen der menschlichen Arbeit haben eine materielle und eine geistige Bedeutung; nur allzu leicht übersehen wir das geistige Moment!*

Gerne würde ich an dieser Stelle diese drei Dimensionen im Zusammenhang mit der Solidarwirtschaft in groben Zügen behandeln, doch dazu kann ich nur die Lektüre des Buches von Dorothea Söll empfehlen.

Wie das Wesen der Arbeit in Richtung auf mehr Engagement für das Gemeinwohl und weniger Engagement für sich selbst gestaltet werden kann, wird wohl die Aufgabe der Arbeitspsychologen sein. Damit dies funktioniert bzw. funktionieren kann, wird es entscheidend darauf ankommen, wie der Mensch seine Würde in der Arbeit wiederfinden kann, ohne dass die Leistung im Mittelpunkt steht. Auch die Stärkung des WIR-Gefühls wird dabei eine zentrale Rolle spielen.

Entscheidend wird sein, dass derjenige, der die Arbeit ausführt, im Mittelpunkt steht und den Nutzen erhält und nicht derjenige, der *nur* die Arbeitsmittel zur Verfügung stellt.

Dies alles sind Themen, um die sich in den letzten Jahren kaum jemand gekümmert hat. Somit sollten sich einige Experten langsam um solche Wesensarten der Arbeit kümmern. Das liegt meiner Meinung nach daran, dass die Schaffung von High-Tech-Arbeitsplätzen sehr teuer ist und auch natürliche Grenzen hat, sodass es nicht möglich sein wird, in Zukunft genügend Arbeitsplätze zu schaffen und zu erhalten.

Konsequenz

Da die Solidarwirtschaft vor allem im Niedrig- und Mitteltechnologiebereich eine Chance haben wird, müssen primär Menschen einbezogen werden, die aus verschiedenen Gründen keine Möglichkeit haben, im Hochtechnologiebereich zu arbeiten. Diese Gründe können z.B. sein, dass die Person nicht leistungsfähig oder nicht ausreichend qualifiziert ist. Darüber hinaus werden Arbeitsplätze im Hochtechnologiebereich zunehmend wegrationalisiert, sodass für die Hochqualifizierten und Leistungsstarken auch alternative Beschäftigungsmöglichkeiten geschaffen werden müssen. Das bedeutet, dass die Starken wieder lernen müssen, mit den Schwachen zusammenzuarbeiten und umgekehrt. Hinzu kommt meines Erachtens, dass im Hochtechnologiebereich viele Menschen schnell verbraucht werden und auch diese neue Beschäftigungsalternativen benötigen.

Das ist eine sehr große Herausforderung. Leider ist es in unserem gesellschaftspolitischen System so, dass wir uns immer mehr um die Leistungsfähigsten kümmern, um sie noch leistungsfähiger zu machen, damit sie im globalen Kontext noch wettbewerbsfähiger werden. Aber was machen wir mit den weniger Leistungsfähigen und weniger Effizienten? Wie wird diese Situation von den Verantwortlichen in der Gesellschaft wahrgenommen? Ich sehe eine gravierende Veränderung darin, dass eine Masse von Fähigkeiten und Talenten, das Wissen der Vergangenheit und damit die Erfahrungen der über 60-jährigen ungenutzt bleiben. Es kommt darauf an, all dies zu aktivieren und in den Prozess des Aufbaus einer Solidarwirtschaft zu integrieren. Daher wird es besonders wichtig sein, die Kooperationsfähigkeit zwischen allen Akteuren zu verbessern.

3.2. Kontext der sozialen Beziehungen

Solidarität statt Wettbewerb

In den letzten Jahren und besonders seit der Corona-Krise ist das Thema Solidarität immer mehr in den Vordergrund gerückt. Alle Verantwortlichen

in Politik, Wirtschaft und Kirchen fordern den Aufbau einer solidarischen Gesellschaft.
Um eine solche Gesellschaft aufzubauen, muss auch darüber nachgedacht werden, wie im Arbeitsleben und damit in der Wirtschaft die Solidarität, nicht nur das Gewinnstreben, und der Wettbewerb im Mittelpunkt stehen können. Das Ungewöhnliche und Neue an dieser Krise ist meines Erachtens, dass es keine individuellen, sondern nur kollektive Lösungen gibt. Der Versuch, individuelle Lösungen zu finden, ist so mühsam und kostspielig, dass man jetzt darüber nachdenken muss, wie man kollektive Lösungen entwickeln kann.

Die Krisen von heute betreffen also alle Lebensbereiche. Gesellschaftliche, politische und wirtschaftliche Systeme wurden über Nacht erschüttert und destabilisiert. Da die Folgen und auch ein Ende nicht absehbar sind, muss über alternative Wirtschaftssysteme nachgedacht werden. Meiner Meinung nach muss die gesamte heutige Wirtschaftswissenschaft überdacht werden und vor allem muss überlegt werden, ob das heutige strategische Grundprinzip des <u>Wachsens oder Weichens</u>, das zu einer immer stärkeren Industrialisierung und Globalisierung der Wirtschaft geführt hat, die richtige Strategie für die Zukunft ist. Dadurch sind kleine lokale und regionale Wirtschaftsstrukturen verschwunden und viele Berufe, sowohl in der Produktion als auch im Dienstleistungssektor, wurden automatisiert und wegrationalisiert.

Dies wirft die Frage auf, wie neben den globalen Strukturen diese kleinen lokalen und regionalen Wirtschaftsstrukturen wieder aufgebaut werden können. Dabei geht es nicht darum, das eine durch das andere zu ersetzen, sondern beides nebeneinander bestehen zu lassen. In unserer sehr auf das <u>Entweder-Oder</u> ausgerichteten Gesellschafts- und Wirtschaftssystem ist es natürlich sehr schwierig, dualistische Strategien des <u>Sowohl-als-auch</u> zu berücksichtigen.

Um einen neuen Weg beschreiben zu können, muss man zunächst wissen, in welchem Kontext sich das Thema befindet, wo wir stehen, wie die Rahmenbedingungen sind, wie das Umfeld gestaltet ist, wo die Schwierigkeiten liegen, was die Einfluss- und Erfolgsfaktoren (Machtfaktoren) sind etc. Es wird kaum einen Standard geben, sondern jede Region, die eine Solidarwirtschaft aufbauen will, muss sich an die Rahmenbedingungen vor Ort anpassen. Für einige Regionen wird dies einfacher sein als für andere.

3.3. Im Kontext der Gesellschaft

In einer sich immer stärker globalisierenden Welt ergeben sich – sozusagen als Gegenpol – immer mehr Chancen für kleine Unternehmen und Existenzgründer, die auf lokaler oder regionaler Ebene agieren. Um diese Chancen nutzen zu können, müssen die gewohnten Wettbewerbsstrategien verlassen werden. Durch Netzwerke, in denen der eine die Infrastruktur, der andere das Fachwissen und wieder ein anderer das Managementwissen einbringt, können Möglichkeiten genutzt werden, die sonst nicht möglich wären. Auch in der grenzüberschreitenden Zusammenarbeit liegen große Chancen.

Es ist wie das Erklimmen eines Berges, der immer steiler wird und für den man mehr braucht als eine perfekte Ausrüstung, wie eine Ausbildung oder Geld. Was früher Hügel waren, sind heute Berge, für deren Bewältigung kleine Unternehmen und vor allem Existenzgründer Netzwerke brauchen. Wie diese aussehen können, ist sehr unterschiedlich, aber das eigene Umfeld sollte mit einbezogen werden. Viele Hilfen aus der Familie, dem Freundeskreis etc. werden oft zu wenig beachtet. Allein dieser Hintergrund reicht schon aus, um darüber nachzudenken, wie eine Solidarwirtschaft mit ihrem Potential der Netzwerkorganisation funktionieren könnte.

3.4. Im Kontext der Schöpfung

Zukünftige Wirtschaftssysteme werden auch die Verantwortung für die Erde bzw. die Schöpfung stärker als Kriterium einbeziehen müssen. Auch wenn der Begriff Schöpfung bei vielen Menschen Unbehagen auslöst, wird man in Zukunft an der Schöpfungsverantwortung und damit an einer Schöpfungsspiritualität kaum vorbeikommen.
Wie sehr Arbeit mit Spiritualität verbunden ist, beschreibt Dorothee Sölle in ihrem einzigartigen Buch: *Lieben und arbeiten, eine Theologie der Schöpfung*. Als Zusammenfassung hier der Klappentext:

> *Arbeit und Liebe sind unverzichtbare Bestandteile eines sinnerfüllten Lebens, die in jeder Generation neu überdacht werden sollten. Angesichts der Krise der Produktions- und Konsumgesellschaft entwickelt die unorthodoxe Theologin Dorothee Sölle eine biblisch begründete Vision der Arbeit, die Selbstausdruck, sozialer Bezug und Versöhnung mit der Natur in den Mittelpunkt stellt: Wir sind Geschöpfe, die selbst Schöpfer werden, wir sind befreit worden, um für Befreiung einzutreten; wir werden geliebt, um zu Liebenden zu werden. Dass Gott hier nicht mehr allein der Vater, der Herr oder der Allmächtige ist, sondern sich auch in anderen Symbolen ausdrückt, ist Teil einer modernen theologischen Anthropologie.*

Hier noch ein kurzer Text aus ihrem Buch auf Seite 124, in dem sie ihre Gedanken mit E.F. Schumacher in Verbindung bringt:

> *Sinnvolle Arbeit eröffnet die Chance, unsere Fähigkeiten zu nutzen und weiterzuentwickeln. Nach Schumacher müssen wir endlich lernen, sinnlose, langweiligen, verdummende und nervtötende Arbeiten, die uns zu Schräubchen einer Maschine oder Knechten eines Systems machen ablehnen….*
> *Thomas von Aquin hat gesagt, ohne Freude an der Arbeit gebe es keine Lebensfreude.*

Siehe auch Freiburger Forum (www.freiburger-forum.com), welches sich zum Thema gemacht hat, die Wirtschaft und die Spiritualität miteinander zu verbinden. Da für mich der schonende Umgang mit den Ressourcen, seien es Mensch, Natur oder Tier und somit auch der Schöpfung, im Laufe der Jahre zu einem zentralen Thema geworden ist, beschäftige ich mich ein wenig mit Schöpfungsspiritualität und stelle mir vor, dass auch die Solidarwirtschaft geeignet ist, Schöpfungsverantwortung zu übernehmen.

Schöpfungsverantwortung statt Schöpfungsmissbrauch

Wie oben bereits erwähnt, wird der Begriff Schöpfung nur sehr ungern verwendet und von Schöpfungsmissbrauch sollte man schon gar nicht sprechen. Dabei wusste jeder halbwegs gebildete Bürger spätestens seit der Veröffentlichung des Buches: *Grenzen des Wachstums* des Club of Rome im Jahre 1972, dass wir die Erde überlasten. Sicherlich hat damals sogar die Bildzeitung darüber berichtet. Leider hat vor allem die heutige Rentnergeneration das alles damals ignoriert und verhindert, dass der Klimawandel gestoppt oder zumindest begrenzt wird. Da viele der Rentner noch sehr rüstig sind, sollten sie jetzt mithelfen, das Schlimmste zu verhindern. So kann vielleicht der Vorwurf unsere Kinder und Enkel, die die Suppe auslöffeln werden, nichts getan zu haben, etwas gemildert werden.

Wenn die Wissenschaftler zum Thema Erderwärmung, Klimawandel, Sterben der Artenvielfalt usw. auch nur zum Teil Recht haben, werden die Folgen für den gesamten Planeten verheerend sein. Mahner gibt es viele, die schon seit Langem versuchen, auf die Gefahren hinzuweisen und uns aufzurütteln. Sie zeigen auch Wege auf, wie wir das Schlimmste abwenden können. Mit Weltuntergangsstimmung oder Fatalismus ist bekanntlich niemandem geholfen, der Glaube an die Möglichkeit der Rettung aber beflügelt und setzt Kräfte in uns frei. In der Praxis wird der Umschwung zum Besseren allerdings nicht so einfach daherkommen. Aber wir können gewiss sein, dass, wenn wir es schaffen, die Schöpfung aufatmen wird. Das müsste als Ansporn zu allgemeiner Anstrengung doch reichen.

Die Schöpfungsverantwortung könnte in diesem Zusammenhang sicherlich eine Hilfe sein.

Wir sollten und dürfen uns also dem Thema Schöpfung ein wenig zuwenden. Ich möchte daher zunächst auf den folgenden Text auf Seite 196 der Umweltenzyklika *Laudato si`* von Papst Franziskus hinweisen. Dieser Text bringt die heutige Situation sehr gut auf dem Punkt:

> *Allerdings ist es zur Lösung einer so komplexen Situation wie der, mit der sich die Welt von heute auseinandersetzen muss, nicht genug, dass jeder einzelne sich bessert. Die isolierten Einzelpersonen können ihre Fähigkeit und ihre Freiheit verlieren, die Logik der instrumentellen Vernunft zu überwinden, und sind schließlich einem Konsumismus ohne Ethik und ohne soziales umweltbezogenes Empfinden ausgeliefert. Auf soziale Probleme muss mit Netzen der Gemeinschaft reagiert werden, nicht mit der bloßen Summe individueller positiver Beiträge: „Die Anforderungen dieses Werkes werden so ungeheuer sein, dass sie aus den Möglichkeiten der individuellen Initiative und des Zusammenschlusses individualistisch geformter Einzelner nicht zu lösen sind. Es wird einer Sammlung der Kräfte und einer Einheit der Leistung bedürfen. Die ökologische Umkehr, die gefordert ist, um eine Dynamik nachhaltiger Veränderungen zu schaffen, ist auch eine gemeinschaftliche Umkehr.*

Die Umweltenzyklika *Laudato si'* ist im Prinzip ausreichend, um nun endlich anzufangen, schöpfungsschonende Wirtschaftssysteme aufzubauen.

Der ehemalige Erzbischof der Jahre 1964 bis 1985 von Recife/Brasilien, namentlich Hélder Câmara (1909-1999), brachte es folgendermaßen auf den Punkt:

> *Die christliche Anthropologie bringt uns dazu, den Menschen aufzufordern, sich als Mit-Schöpfer zu fühlen, sich nicht als Gegenstand, sondern als Subjekt der Geschichte zu verhalten, Schluss zu machen mit der Mutlosigkeit, der Apathie und der Furcht. (Tedeum 3.10.2019 Seite 31)*

Da die Bewahrung der Schöpfung im Mittelpunkt des Zukunftsmanagements steht, hier noch einige Auszüge aus Büchern, die mich in den letzten Jahren besonders motiviert haben, mich mit dem Thema Schöpfung zu beschäftigen.
Friedrich Schorlemmer (2016) widmet sich dem Thema in seinem Buch *Unsere Erde ist zu retten. Haltungen die wir jetzt brauchen*. Dazu hier als Zusammenfassung der Klappentext:

> *[...] noch ist Zeit: aber sie wird zur Frist, wenn es nicht überall zu einem entscheidenden Umsteuern kommt. Es geht darum, unseren*

Gottesglauben zu erden, unsere Zuversicht zu stärken, der Barmherzigkeit eine Stimme zu geben, dem Frieden auf dem Weg des Friedens eine Chance zu lassen - und gerade mitten in aller Sorge und Besorgnis - das Lob der Schöpfung zu singen.
Wir sollten die dogmatischen Streitigkeiten hinter uns lassen und uns unserer Verantwortung gemeinsam stellen, dieser wunderbaren Schöpfung ein guter Bundesgenosse zu sein.

Papst Benedikt XVI. bringt die Probleme der heutigen Welt in seinem Buch *Wir müssen anders leben! Damit die Schöpfung überleben kann* auf den Punkt, wie es besser und einfacher nicht sein könnte. Es ist eine wohltuende Orientierungshilfe.
Hier ein kleiner Auszug, Seite 138:

> *Die Humanökologie ist eine gebotene Notwendigkeit. In jeder Hinsicht einen Lebensstil anzunehmen, der die Umwelt respektiert, und die Erforschung und Nutzbarmachung von Energien zu fördern, die das Erbe der Schöpfung bewahren und ohne Gefahr für den Menschen sind, müssen politische und wirtschaftliche Prioritäten sein. In diesem Sinn erscheint es notwendig, unseren Umgang mit der Natur völlig neu zu überdenken. Sie ist nicht bloß ein nutzbarer Raum oder ein Spielfeld. Sie ist der Ort, wo der Mensch geboren wird, wo er in gewisser Weise „zu Hause" ist. Sie hat für uns fundamentale Bedeutung. Der Gesinnungswandel in diesem Bereich, ja die Einschränkungen, die er mit sich bringt, müssen es ermöglichen, rasch zu einer Kunst des Zusammenlebens zu gelangen, die das Bündnis zwischen Menschen und der Natur respektiert; ohne ein solches Bündnis ist die Menschheitsfamilie in Gefahr zu verschwinden.*
> *Es ist daher unbedingt erforderlich, ernsthaft nachzudenken und klare und nachhaltige Lösungen vorzuschlagen.*

Herrmann Stinglhammer (2011, 121) schreibt in seinem Buch *Einführung in die Schöpfungstheologie:*

> *„Angesichts einer globalisierten Eindimensionalität, die alle Kreatur lediglich als rechtlosen Gegenstand menschlicher Ausbeutung zu sehen gelernt hat, wird es der Schöpfungsspiritualität zur Aufgabe, den Menschen in die weisheitliche Sicht des Glaubens einzuweisen und das Buch der Schöpfung neu zu lesen. Gefordert ist so eine schöpfungstheologische Ästhetik, d.h. Wahrnehmungslehre (vgl. dazu den instruktiven Aufsatz von M. Eckholt 2009; das gesamte Buch, das aus Frauenperspektive verfasst wurde, ist als hochsensibler und produktiver Beitrag zu Schöpfungsspiritualität zu werten) der das nichtmenschliche Sein (wie noch bis vor wenigen Jahren im deutschen Recht) als rechtlose Sache erscheint – sondern als der lebendige, Leib Gottes' der cusanische Deus sensibilis Raum und Zeit. Im Grunde zielen eine solche Wahrnehmungslehre und die*

dadurch initiierten Bildungsprozesse darauf ab, dass der Mensch sich von seiner angemaßten Rolle als „maitre et possesseur de la nature“ (Descartes) verabschiedet und sich demütig und solidarisch zugleich als Mitgeschöpf unter Mitgeschöpfen verstehen lernt, dem es zukommt, für das Leben können alles Lebendigen zu sorgen. Der Mensch nach Gottes Absicht, der in eine tiefe Geschwisterlichkeit mit allem Sein und Leben gestellt und dazu berufen ist, im Namen des Schöpfers zum guten Hirten der Welt zu werden, um so Menschsein als imago Dei (vgl. Gen 1,26f.) zu leben. Das gegenwärtige expansive Selbstverständnis des Menschen als Ausbeuter der Welt rechtfertigen die biblischen Urkunden jedenfalls in keiner Weise, wohl aber die eines Hüters, der Recht und Würde jedes – auch des unscheinbaren und, zwecklosen‘ – Dasein achtet (vgl. dazu den Gedanken in der christlichen Tradition, dass im Endgericht die Tiere die Menschen vor Gott anklagen für das, was sie ihnen an Leid angetan haben).

Reinhard Marx schreibt in seinem Buch *Freiheit* auf Seite 135:

Die Idee der Solidarität aller Menschen schließt niemanden aus, ganz besonders nicht die Armen und an den Rand Gedrängten. Deshalb glaube ich, dass die Enzyklika „Laudato si'“ eine weit ins 21. Jahrhundert hineinreichende Bedeutung hat. Sie ist darin vergleichbar mit der ersten Enzyklika zur sozialen Frage, die 1891 geschrieben wurde, mit „Rerum novarum“ „Laudato si'“ ist keine Umwelt- oder Klimaenzyklika, sondern eine Sozialenzyklika, die deutlich macht, wo die Kirche steht, wenn es um die Zukunft der Welt geht.

3.5. Konsequenz

All dies zeigt, wie sehr sich die Welt in den Konsumgesellschaften verändern muss und wie notwendig Kooperation und Solidarität für das Überleben einer Gesellschaft sind. Gesellschaften konnten sich nur entwickeln, indem Menschen kooperierten, sowie sich die Menschheit nur durch Kooperation entwickeln konnte.

In ähnlicher Weise hat die Corona-Krise die heutigen sozialen, politischen, wirtschaftlichen und religiösen Systeme von einem Tag auf den anderen erschüttert und destabilisiert. Das Ungewöhnliche und Neue an dieser Krise ist, dass es keine individuellen, sondern nur kollektive Lösungen gibt.

Für alle Interessengruppen gilt es nun, die internen und externen Auseinandersetzungen zu beenden und den Menschen gemeinschaftliche Hilfe anzubieten. Es muss nicht in allem hundertprozentiger Konsens herrschen sowie Differenzen nicht eingeebnet werden müssen. Die Welt ist mit diversen Problemen konfrontiert, sodass es keinen Sinn macht, alles zu vereinheitlichen. Erst wenn alle Probleme gelöst sind, kann man sich wieder den Unterschieden zuwenden. Doch dies, wie erwähnt, erst, wenn alle anderen Probleme gelöst sind.

Für die ganze Welt (nicht nur für die Industrieländer) bricht also ein neues Zeitalter an. Wissenschaftler nennen dieses Zeitalter das „postindustrielle Zeitalter“ [8]. Wie es aussehen wird, weiß niemand, und nur ständige Information und offene Augen können uns vor Enttäuschungen bewahren. Für diejenigen, die sich für die Zukunft unserer Gesellschaft und Arbeitswelt interessieren und den Umbruch mitgestalten wollen, bricht eine neue Zeit an: eine Zeit der ständigen Provokation mit den bestehenden, auf Wettbewerb basierenden Gesellschaftsstrukturen. Antrieb hierzu ist auch, eine lebenswerte Zukunft zu gestalten, in der der Mensch nicht nur passiv als anonymes Rädchen im Getriebe, sondern aktiv als Mitgestalter gefordert ist.
Eine Strategie zur Gestaltung dieses Wandels ist die Kooperationsstrategie bzw. Solidaritätsstrategie, mit der ich mich in dieser Arbeit beschäftigen möchte.

---

[8] https://www.bpb.de/kurz-knapp/lexika/politiklexikon/18052/postindustrielle-gesellschaft/ Datum des letzten Aufrufs: 15.8.2024

Kapitel 4 Prinzipien (Grundsätze) und Kriterien der Solidarwirtschaft

Vor dem bisher beschriebenen wirtschafts- und gesellschaftspolitischen Hintergrund wird deutlich, dass sich die Prinzipien und Kriterien der Solidarwirtschaft deutlich von denen der globalen Ökonomie unterscheiden. Auf die Prinzipien und Kriterien im Einzelnen einzugehen, würde den Rahmen dieses Buches sprengen. Ich bitte daher um Verständnis, dass ich nur einige Themen ansatzweise beleuchten kann.

4.1. Prinzipien der Solidarwirtschaft

umweltschonend

- kurze und direkte Transportwege
- minimale Verpackung
- geringe Lager- und Kühlkosten
- keine Abfälle

rational

- traditionell
- wenig Bürokratie, wenig Kontrolle
- der Nachfrage entsprechende Produktion
- regionale Ernährungsautonomie

kooperativ

- Kreislaufwirtschaftssystem (Mehrwert bleibt im System)
- effiziente Zusammenarbeit
- Synergien schaffen
-

4.2. Kriterien für die Solidarwirtschaft

Die Kriterien der Solidarwirtschaft sind z. B. folgende:

- Nachhaltigkeit: natürlich, nutzenorientiert
- Energieeffizienz
- Bürgerbeteiligung
- Identität: eigenständig
- Maßvolles und nutzenorientiertes Wirtschaften (siehe Ziele)
- Einfachheit
- Kooperation: Zusammenarbeit, Partizipation

- Selbständigkeit: Selbstkontrolle, Unabhängigkeit, Eigenverantwortung
- Kreativität: kreativ, anpassungsfähig, realistisch, flexibel
- Rationalität: ressourcenschonend
- Humanismus: sozial
- Konstruktivität
- Transparenz
- Demokratie

Wie bereits erwähnt, würde es den Rahmen dieses Buches sprengen, diese Kriterien zu erläutern Dennoch möchte ich auf einige wesentliche Kriterien eingehen und sie kurz beschreiben. Das ist wichtig, weil bestimmte Themen wie z.B. Nachhaltigkeit zu verzerrt und diffus dargestellt werden.

Nachhaltigkeit

Kaum ein Begriff hat sich in den letzten Jahren so stark entwickelt wie der Begriff „Nachhaltigkeit". Fast in jeder politischen, sozialen und wirtschaftlichen Debatte oder Reportage fällt dieser Begriff.

Was ist Nachhaltigkeit eigentlich? Mit dieser Frage möchte ich mich in diesem Kapitel befassen und versuchen, eine allgemein verständliche Antwort zu finden. Natürlich werde ich dabei nicht meine eigene Meinung zu Papier zu bringen, sondern mehrere Bezugsquellen aus dem Internet zusammenfügen. Leser, die sich dann näher mit der Thematik befassen möchten, können sich gerne über die einzelnen Links weiterinformieren.

Und nun zur Frage, was Nachhaltigkeit eigentlich ist.
Auf der Internetseite von Dr. Frank Schröter, 2008[9], stieß ich auf folgenden Eintrag:

> *Nachhaltigkeit, ein Begriff, den jeder gut findet und mit dem man sich identifizieren kann, wie es Schumacher (1997) treffend formuliert: "Die Umweltschützer verstehen darunter die Versöhnung mit der Natur, die Demokraten die Durchsetzung der civil society, die Ökonomen sehen ihren Glauben an das ewige Wachstum bestätigt, die Menschenfreunde erhoffen sich eine bessere Verteilungsgerechtigkeit und die Abkehr vom Konsumwahn und der Amerikanisierung aller Kulturen." Die drei Zieldimensionen der nachhaltigen Entwicklung: Ökologie, Ökonomie und Soziales sind so allgemein gehalten, dass sich jeder damit identifizieren kann und "endlich" ein gemeinsamer Nenner gefunden wurde.*

[9] http://www.dr-frank-schroeter.de/nachhaltigkeit.htm - Datum letzter Aufruf: 27.3.2024

Im Lexikon der Nachhaltigkeit steht zusammengefasst folgendes[10]:

> *Bis Mitte der 1990er Jahre war der Begriff Nachhaltigkeit, Nachhaltige Entwicklung, oder auch sustainable development, sustainability vornehmlich in der wissenschaftlichen Diskussion zu finden. Danach wurde er auch im politischen Kontext genutzt. Seit einigen Jahren geht es darum, was jeder Einzelne tun kann. Wie kann ich mich nachhaltig, ernähren, kleiden, verreisen, leben.*

Im Brundtland-Bericht der Weltkommission für Umwelt und Entwicklung, der Vereinten Nationen von 1987 heißt es:

> *„Humanity has the ability to make development sustainable - to ensure that it meets the needs of the present without compromising the ability of future generations to meet their own needs" (Hardtke/Prehn 2001, S.58). Frei übersetzt bedeutet dies: „Nachhaltige Entwicklung ist eine Entwicklung, die gewährt, dass künftige Generationen nicht schlechter gestellt sind, ihre Bedürfnisse zu befriedigen als gegenwärtig lebende" (Hauff 1987, S.46). Nachhaltigkeit wird laut dieser Definition als eine Art Entwicklung beschrieben, die sowohl auf die Gegenwart als auch die Zukunft ausgerichtet ist.*

Auch wenn der Eintrag im Lexikon der Nachhaltigkeit keine Definition ist, so beschreibt dieser doch deutlich, worum es geht.
Was heißt das jedoch für die Funktionsweise eine Gesellschaft?
Auch wenn...

- wir immer mehr Ökostrom produzieren, jedoch immer mehr Strom verbrauchen,
- unsere Autos immer weniger Sprit verbrauchen, es aber immer mehr Autos gibt,
- unsere Wohnungen und Häuser immer besser isoliert, diese aber immer größer werden, wodurch die Einsparung wieder ausgeglichen wird,
- immer mehr Müll wiederverwertet wird und zum z.B. Deutschland immer noch Weltmeister im Abfall produzieren ist,

...dann hat das immer noch nichts mit Nachhaltigkeit zu tun.
Ansonsten gibt es noch viele weitere Einträge im Internet, wie z.B. auf der Homepage der Landeszentrale für politische Bildung Baden Würtemberg[11].

[10] https://www.nachhaltigkeit.info/artikel/nachhaltigkeit_1398.htm - letzter Aufruf 15.8.2024
[11] https://www.lpb-bw.de/dossier-nachhaltigkeit - letzter Aufruf 15.8.2024

Energieeffizienz

Ich selbst muss leider zugeben, dass ich dieses Thema am liebsten ausklammern würde. Aber wenn man sich mit alternativen Wirtschaftssystemen beschäftigt, kommt man um das Thema Energieeffizienz nicht herum. Deshalb wage ich es, mich diesem Thema zu nähern und möchte vor allem den folgenden Absatz aus dem Buch *Les saturniens* von Messine Philippe (1987, S. 65) zitieren, dem ich 1993 zum ersten Mal begegnet bin. Seit ich mich mit alternativen Arbeits- und Wirtschaftssystemen beschäftige, hat mich dieser Text beeindruckt und beeinflusst:

> *"Das Unternehmen kann nur erfolgreich sein, wenn es weiß, wie es seine Energien addiert. Kommunikation ist der Vektor dieser Additionierung. Das Unternehmen ist umso effizienter, wenn es innen und außen besser kommuniziert."*
> *Spätestens seit dem Zeitpunkt des raschen Wachstums der Individualisierung der Gesellschaft und des in den 80er/90er Jahren damit verbundenen Wachstums der Komplexität nimmt die Effizienz unseres wirtschaftlichen und sozialen Systems ab.*

Die Effizient kann meiner Meinung nach nur noch positiv bleiben durch:

- Die Rationalisierung der Produktionsprozesse und der Arbeit.
- Verlagerung der Arbeit bis ans Ende der Welt.
- Erschöpfung der natürlichen Ressourcen, einschließlich der Arbeitskräfte.

Rechnet man die Kosten der Schäden für die Natur und für die Gesundheit der Menschen auf der Ausgabenseite hinzu, wird die Berechnung der Effizienz weitgehend negativ sein.

In diesem Kontext halte ich es für legitim, die folgende Frage zu stellen: Wie die Effizienz gesteigert werden kann?

Es geht meines Erachtens nicht darum, in Zukunft noch mehr zu arbeiten, noch mehr zu studieren, noch schneller zu laufen, wodurch immer mehr Menschen abgehängt werden, sondern darum, wieder Wirtschaftssysteme zu schaffen, in denen alle gemeinsam, d.h. durch Addition der Energien, die gemeinschaftlichen Ziele erreichen.

Folgende Formel bringt die Effizienz auf dem Punkt:
Effizienz = Ergebnis – Aufwand
Heute ist trotz technologischer Entwicklungen der Aufwand derart hoch, dass sehr oft die Energieeffizienz negativ ist.

Humanisierung der Arbeit

Auf die Humanisierung der Arbeit bin ich bereits im Kapitel *Kontext der Arbeit* eingegangen.

Bürgerbeteiligung

Peter Spiegel schreibt in seinem Buch *Eine bessere Welt unternehmen. Wirtschaften im Dienst der Menschheit*, Herder Verlag, 2011, auf Seite 73:

> *Sieht man sich die Liste der Social Innovation:*
> *Co-Creation*
> *Collaboration oder Co-Laboration*
> *Ceowdsourcing*
> *Enterprise 2.0*
> *Open Innovation*
> *Open Source*
> *Strategischer Konsum*
> *an, so fällt eines auf: Sie verlagern zumindest ihrer Anlage nach, Handlungsmacht von den Mächtigen in Richtung der Bürger Natürlich hängt es dann immer noch von den bürgerschaftlichen Akteuren ab, inwieweit sie von ihren neuen, zusätzlichen Handlungsmöglichkeiten auch Gebrauch machen, oder ob nur wenige Bürger diese Chancen für sich wahrnehmen und die breite Masse weiter eher in einem passivem Lebensmodus verbleibt.*

Ich glaube, ohne die breite Masse wird es nicht möglich sein, die Menschen aus der Passivität herausholen. Auch deshalb, weil breite Bevölkerungsgruppen in den letzten Jahrzehnten immer mehr in die Passivität gedrängt wurden. Es müssen also Möglichkeiten geschaffen werden, dass diese Bevölkerungsgruppen wieder zu Mitgestaltern werden.

Subsidiarität

Die Solidarwirtschaft könnte auch die Subsidiarität der Regionen wieder stärken. Das heißt, wenn ein Produkt lokal oder regional hergestellt werden kann, dann soll es auch dort hergestellt werden. Die nächsthöhere Ebene sollte diese Arbeit nicht übernehmen.

Vereinfachung – Simplification

Bei all dem gilt es, immer das richtige Maß zu finden und alles so einfach wie möglich zu machen.

Nur wenn wir weniger Strom verbrauchen, weniger Autos fahren, die Wohnungen kleiner werden, weniger Müll produziert wird und die Menschen wieder schonender mit den Ressourcen umgehen, sind wir auf dem Weg zur Nachhaltigkeit.

Die Herausforderung hierbei ist die Frage, wie das in der Praxis umgesetzt werden kann, ohne dabei einen Verzicht zu erleben. Das Ziel wäre sogar aus Weniger Mehr zu machen.

Viele Initiativen gibt es bereits, wie z. B. das Teilen eines Autos, einer Wohnung oder eines Rasenmähers.

Kooperation: Zusammenarbeit

Um die Solidarwirtschaft aufzubauen, müssen die Menschen wieder lernen zu kooperieren, um an den Gestaltungsprozessen teilnehmen zu können. Dabei wird es sehr wichtig sein, das Engagement der Menschen zu erhöhen.

Wie dies geschehen kann, wird sehr stark davon abhängen, wie sich jeder Einzelne – durch seine Arbeit, sein Geld, sein Material etc. - gleichberechtigt beteiligen kann und nicht alles im Einflussbereich der Bürokratie und des Kapitals liegt. Die wichtigste Voraussetzung für den Aufbau einer Solidarwirtschaft ist also die Bereitschaft zu geben und nicht nur zu nehmen.

Für kleine Unternehmen und insbesondere für Start-ups ist die Situation in Zukunft besonders schwierig, da sie nicht mehr klein anfangen und sich allmählich entwickeln können. Sie sind heute mit einem hochkomplexen System konfrontiert, in dem der Verantwortliche und Gründer gleichzeitig Stratege, Entscheider, Manager, Verwalter (Bürokrat) und Ausführender sein muss. Die immer komplizierter werdende Situation, sei sie wirtschaftlicher, administrativer, sozialer, rechtlicher, technischer, ökologischer oder sonstiger Art, kann von einer Person allein kaum bewältigt werden.
Aufgrund der zunehmenden Komplexität sind insbesondere kleine und mittlere Unternehmen (KMU) sowie Existenzgründer darauf angewiesen, eine Organisation aufzubauen, in der vor allem mit dem bestehenden Umfeld Kooperationen und Beziehungen geknüpft werden. Hier liegt ein großes Chancenpotential für die Solidarwirtschaft.
Es geht darum, dass sich kleine und neue Unternehmen vernetzen und branchenübergreifend zusammenarbeiten. Durch das Einbringen eigener Ressourcen, Infrastruktur, Know-how etc. können neue Unternehmen und gemeinsame Projekte realisiert werden.

Vielfach wird auch von Netzwerken gesprochen, die jedoch meist nur sektoral ausgerichtet sind und der Vernetzung und dem Informationsaustausch dienen. In den seltensten Fällen sind sie sektorübergreifend.
Wie ein sektorübergreifendes Netzwerk entstehen kann, hängt vom Ausgangspunkt und dem jeweiligen Umfeld ab. Es gibt keine Regeln, die von einer Hierarchie vorgegeben werden, und so schafft sich jedes Netzwerk seine eigenen Regeln. Die einzige Voraussetzung für ein solches

Kooperationsnetzwerk ist, dass alle Beteiligten Gewinner sind. In einer schnelllebigen Zeit und einem Wirtschaftssystem, das auf kurzfristige Gewinnoptimierung ausgerichtet ist, ist es noch schwieriger, eine Funktionsweise zu definieren.

Vom Wettbewerb zur Kooperation

Im Bereich der Solidarwirtschaft geht es also um die Abkehr vom Wettbewerb. Das westliche Wirtschaftsmodell muss sich unbedingt von dem Wettbewerbsprinzip verabschieden, das allein auf der Ausbeutung von Menschen, Natur und Tieren und dem Streben nach Profit beruht. Dieses System ist überholt.
Leonardo Boff beschreibt in seinem Buch *Der Heilige Geist* auf Seite 238, worauf es dabei ankommt:

> *Nicht der Kampf ums Überleben und das Durchsetzungsvermögen der Stärkeren hat den Fortbestand des Lebens und der Individuen bis heute gesichert, sondern die Beziehung der Liebe zwischen ihnen, die sich in Formen der Kooperation und Solidarität ausdrückt, welche ihren Ausgangspunkt bei den Letzten nimmt. Unsere Vorfahren, die Hominiden, vollzogen den Übergang zum Menschsein in dem Maß, in dem sie ihre gesammelten Früchte oder die Jagdbeute miteinander teilten und ihre Zuneigung zueinander ausdrückten. Selbst die Sprache, die den Menschen auszeichnet, entstand innerhalb dieser Dynamik von Liebe, Beziehung und Miteinander-Teilen. Der Wettbewerb – so betont Maturana – ist antisozial, damals wie heute, denn er impliziert die Verneinung des anderen, die Anlehnung des Miteinander-Teilens und die Zurückweisung der Liebe. Deshalb grenzt er aus, ist unmenschlich und produziert allenthalben zahlreiche Opfer. Er vermittelt kein Glück, denn er orientiert sich nicht an der Liebe und Beziehung.*

Dies erfordert die Entwicklung neuer Beziehungsmuster, neuer Denkweisen und **neuer kollektiver und kooperativer Fähigkeiten**.
Das bedeutet, dass wir von der vorherrschenden pyramidenförmigen Organisation, die auf Individualismus, Wettbewerb und Kurzfristigkeit ausgerichtet ist, zu einem polyzellularen Wirtschaftssystem übergehen müssen, das Solidarität, Gemeinschaft und Langfristigkeit zum Ziel hat.
Konkret bedeutet dies:

- Änderung der Gewohnheiten
- Strategie der Anpassung und Integration
- Verhaltensänderung
- Erweiterung der Fähigkeiten
- Integration aller Fähigkeiten und Begabungen
- Logik der mittel- und langfristigen Strategie

Die alten hieratischen Systeme von heute sind längst überholt, es ist bereits an der Zeit, mit Netzwerkstrukturen und flachen Hierarchien zu arbeiten. Wer A sagt, muss auch B sagen – und B heißt Autonomie, Selbstverantwortung, Selbstverwaltung. Das Ziel ist also mehr Selbstverantwortung, statt Auslagerung auf die Allgemeinheit.

Wie das funktionieren könnte, versuche ich im nächsten Kapitel zu beschreiben.

Kapitel 5 Die Arbeitsorganisation der Solidarwirtschaft

Da die Solidarwirtschaft eine Gemeinschaftswirtschaft ist, muss der Organisation besonderes Interesse zuteilwerden. Einerseits geht es darum, die funktionale Organisation der Arbeit zu bestimmen, andererseits muss dem Organismus, d.h. den Menschen, die in der Organisation zusammenarbeiten, besondere Aufmerksamkeit geschenkt werden.

Entscheidend für alle Veränderungen ist, wie man sich organisiert und strategisch vorgeht. Für die Solidarwirtschaft hat dies eine noch wichtigere Bedeutung als für andere Organisationen, denn Veränderungen müssen immer an die bestehende Situation angepasst werden. Im heutigen, sehr komplexen Wirtschaftssystem ist dies umso wichtiger.
Erst wenn man eine Vorstellung davon hat, wie man sich organisieren könnte, kann man eine Umsetzungsstrategie entwickeln. Daher ist dieses Kapitel das zentrale Thema dieser Arbeit.
Auch vor dem Hintergrund, dass in einer Solidarwirtschaft wieder der Mensch und nicht die Maschine im Mittelpunkt stehen soll, muss der sozial-humanen Organisation große Aufmerksamkeit geschenkt werden. Es geht vor allem darum, dass die Menschen gemeinsam arbeiten und jeder seine Talente einbringt. Das heute vorherrschende tayloristische System mit seinen Prinzipien, die im Laufe des Kapitels beschrieben werden, kann meiner Meinung nach nicht für die Solidarwirtschaft funktionieren.

Eine Solidarwirtschaft wird also, wie bereits beschrieben, ganz anderen Prinzipien folgen als die heutigen Wirtschaftssysteme.
Daher muss eine angepasste Organisationsform entwickelt werden, wobei es wichtig ist, auf frühere, gut funktionierende Organisationsformen zurückzugreifen.
Um nun eine angepasste Funktionsweise für die Solidarwirtschaft beschreiben zu können, möchte ich zunächst grob die bestehenden Organisationsformen, die es heute gibt, beschreiben. Dies ist vor allem auch deshalb notwendig, da sich die Solidarwirtschaft an diese anpassen bzw. mit ihnen kooperieren muss.

Die Solidarwirtschaft braucht demnach eine perfekte Arbeitsorganisation, weshalb ich mich in diesem Kapitel intensiv mit der Arbeitsorganisation in der Solidarwirtschaft beschäftigen werde.
Dies auch deshalb, weil die sich rasant verändernden Rahmenbedingungen, wegbrechende Märkte, etc., die Organisationsstrukturen in den Unternehmen immer mehr ins Wanken bringen und somit andere Funktionsweisen für unser Wirtschaftssystem dringend notwendig werden.

Als Begründung für die Entwicklung neuer Organisationsformen finde ich folgende Textstelle von Dirk Baecker (2003, S.18) aus seinem Buch *Organisation und Management* ideal:

> *Wir sind Zeugen einer Revolution, die in den zwanziger Jahren des vergangenen Jahrhunderts in Gang gebracht wurde, seit den sechziger Jahren an Schubkraft gewinnt und erst in diesem (20) Jahrhundert zu einem Abschluss gebracht wird: der Revolution der Organisation, der Umstellung von Bürokratie und Fließband auf ein offenes Netzwerk von Information, Kommunikation und Produktion. Die Devise dieser Revolution ist es, den stolzen Satz des 19 Jahrhunderts: "Wer arbeitet produziert", auszuwechseln gegen den in seinen Konsequenzen noch unabsehbaren Satz: „Wer arbeitet kommuniziert." Kann man sich das vorstellen: die eigene Arbeit nicht mehr am Stolz auf das Produkt, sondern an der Gesprächsfähigkeit der Absichten und Mittel zu orientieren?*
>
> *Anzeichen für diese Revolution finden sich auf zwei Ebenen: Erstens im vielzitierten Wertewandel der letzten Jahrzehnte von einer Ideologie disziplinierter Produktivität zu einer Ideologie emanzipierter Interaktivität und zweitens in einem enormen Aufschwung sogenannter Managementphilosophien, die sich nicht mehr am Leitbild der Hierarchie, sondern am Leitbild des Teams orientieren. Aber nicht nur auf diesen beiden unmittelbar einschlägigen Ebenen, sondern auch andernorts rührt es sich.*

Der Text macht vor allem deutlich, dass man sich von den bisherigen Organisationsformen verabschieden muss, um sich neuen Formen zuwenden zu können.

Dies auch deshalb, weil alternative Organisationsformen besonders für Start-ups interessant sein könnten, die sich vernetzen. Da die meisten dieser Unternehmensgründer kaum Kenntnisse über Arbeitsorganisation haben, werde ich dem Thema in diesem Kapitel besondere Aufmerksamkeit widmen.

Dabei soll vor allem auf die für Start-ups äußerst wichtige psycho-soziale Organisationsebene eingegangen werden, die meiner Meinung nach viel zu wenig beachtet wird, was der Grund ist, weshalb die meisten Start-ups nicht überleben.

Die Funktionsweise einer solchen beziehungs- und kooperationsbasierten Arbeitsorganisation mit ihren Rahmenbedingungen möchte ich in diesem Kapitel beschreiben.

Dabei geht es vor allem darum, einen ersten Entwurf zu erstellen und zu erläutern, wie gemeinschaftlich organisierte Arbeitsprozesse bzw. eine Solidarwirtschaft aufgebaut sein und funktionieren könnte.

Eine Vorstellung von der Funktionsweise ist demnach notwendig, um eine Strategie zu entwickeln, die Prozesse zu steuern und in den Griff zu bekommen.
Denn es macht keinen Sinn, über den Aufbau einer Solidarwirtschaft zu sprechen, wenn man nicht weiß, wie sie funktionieren könnte.
Dies ist besonders wichtig in einem sich ständig verändernden sozioökonomischen Umfeld, in dem die erfolgreiche Bewältigung von Veränderungen von der Fähigkeit abhängt, die Komplexität von Organisationen jeder Art zu beherrschen und zu steuern.
Die Methoden, Techniken und Werkzeuge zur Umsetzung dieser Arbeitsorganisation gilt es in einem gesonderten Buch zusammenzustellen.

Wissenschaftliche Referenz

Um die verschiedenen Organisationsformen zu beschreiben und zu analysieren, beziehe ich mich auf die Theorie von Renauld Sainsaulieu und sein Hauptwerk *Sociologie de l'organisation et de l'entreprise*, das 1987 im Verlag Presse de la Fondation nationale des sciences politiques & Dalloz erschienen ist.
Dieses Buch bildete ebenfalls die Grundlage für meine Magisterarbeit *Hin zu einer neuen Arbeitsorganisation*, die ich 1994 im Rahmen meines Studiums der Sozial- und Wirtschaftspolitik an der Katholischen Universität Neu-Löwen verfasst habe.
Die langjährige Beschäftigung mit der Thematik und meine eigenen praktischen Beobachtungen und Erfahrungen im Berufsalltag, gepaart mit einer fundierten Theorie, haben mich motiviert, diese Arbeit zu schreiben und ein Basiswissen bzw. eine Synthese der Organisationsentwicklung einem breiten Publikum möglichst verständlich zugänglich zu machen.

Erfahrungen

Die Erfahrungen, die ich im Laufe meines fünfzigjährigen Berufslebens gesammelt habe, in dem ich alle großen Organisationsformen praktisch kennenlernte, sowie die Gründung und Vernetzung einiger Kleinstunternehmen, an denen ich direkt oder indirekt beteiligt war, bilden die Grundlage dieses Kapitels.
Meine Beschreibungen stützen sich daher vor allem auf die Erfahrungen, die ich selbst in den unterschiedlichsten Organisationen und Strukturen gemacht habe.
All dies hat dazu geführt, dass ich eine Vorstellung davon habe, wie eine Solidarwirtschaft aufgebaut werden könnte.

5.1. Ausgangssituation

Die meisten Unternehmen sind heute nach Grundprinzipien organisiert, die vor mehr als zweihundert Jahren von Adam Smith eingeführt wurden und eine grundlegende Revolution auslösten:
Die Fragmentierung der Arbeit, die Arbeitsteilung. Was damals für viele Unternehmen fast über Nacht zum absoluten Wettbewerbsvorteil wurde, wird heute und in naher Zukunft die meisten Unternehmen vor enorme Probleme stellen, da sich die Rahmenbedingungen, wie zunehmende Komplexität und Turbulenz für unternehmerisches Handeln, in den letzten Jahrzehnten erheblich verändert haben.
Nach und nach entwickelten sich verschiedene Arbeitsorganisationen, sodass wir uns heute in einem sehr komplexen Organisationssystem befinden.

Um dieses etwas besser verstehen zu können, möchte ich zunächst die aktuelle Situation und die verschiedenen Formen der Arbeitsorganisation, die es heute gibt, beschreiben.
Dies ist auch notwendig, um zu sehen, was von den verschiedenen, heutzutage vertretenen Organisationsformen auf die Organisation der Solidarwirtschaft übertragen werden kann, und was nicht.

Diese Beschreibungen sind Teil meiner oben erwähnten Magisterarbeit.

5.2. Allgemeines über Arbeitsorganisationsformen

Kaum ein Begriff ist so vielfältig wie der der "Organisation". Je nach Kontext werden in der Alltagssprache unterschiedliche Bedeutungen damit verbunden. Je nach Untersuchungsaspekt und Betrachtungsebene werden in der Wissenschaft unterschiedliche Definitionen dazu formuliert. Die aus meiner Sicht treffendste Definition der Organisation nachhaltigen Wirtschaftens liefert Dirk Baecker (2003, S. 28) in seinem Buch *Organisation und Management*:

> *Eine Organisation ist eine Technik, mit gegebenen Mitteln, ein gegebenes Ziel auf möglichst sparsame und effiziente Art und Weise zu erreichen.*

Diese Definition macht deutlich, dass die Organisation einer <u>nachhaltigen Solidarwirtschaft</u> anders sein muss als die heute allgemein üblichen global orientierten Organisationsformen.
Da die Organisation der wichtigste Bestandteil einer Struktur ist, möchte ich im Folgenden die verschiedenen Organisationsformen beschreiben und anschließend die für die nachhaltige Solidarwirtschaft notwendige Organisationsform erläutern.

Dies auch vor dem Hintergrund, dass die Solidarwirtschaft mit den anderen Organisationsformen kooperieren muss.

Renault Sainsaulieu (1987, S.81-82) hat in seinem das Buch *Sociologie de l'organisation et de l'entreprise* die funktionale Sicht der Arbeitsorganisation in zwei Kategorien bzw. Funktionsweisen unterteilt. Zum einen die **technisch-wirtschaftliche** und zum anderen die **sozial-humane** Funktionsweise. Beide Funktionsweisen haben ihre spezifischen Verantwortungsbereiche und Kriterien bzw. Merkmale.
Die jeweiligen Verantwortungsbereiche, auf die ich nicht näher eingehen werde, sind folgende:

Verantwortungsbereiche:

1. der "technisch-wirtschaftlichen" Funktionsweise:

- die Produktion
- die Qualität
- die Kosten
- die Rationalisierung und Kostenreduzierung

2. der "sozial-humanen" Funktionsweise:

- die Organisation
- die Animation, die Einbeziehung
- die Kommunikation
    - die Information

5.3. Heutige Arbeitsorganisationsformen

Für die folgenden Beschreibungen heutiger Arbeitsorganisationsformen beziehe ich mich auf die oben genannten Kategorien von Renault Sainsaulieu.

5.3.1. Handwerkermodell – traditionelle Organisationsmodell

Folgende Beschreibung ist eine Zusammenfassung aus dem Buch *Sociologie de l'organisation et de l'entreprise* von Renault Sainsaulieu (1987, S.52-54):

> *Es handelt sich um eine Arbeitsorganisationsform, die es schon immer gab und die auch heute noch bei Privatpersonen und kleinen Unternehmen, vor allem Familienunternehmen, existiert.*
> *Die Rationalität dieser Organisationsform beruht auf der Organisation des Lernens, der Erneuerung von Wissen und Traditionen, die von Berufsgruppen, Zünften, Orden und Berufsverbänden bewahrt und weitergegeben werden.*

Diese Organisationsform war zu Beginn der Industrialisierung vorherrschend und hat heute eine gewisse Historizität. Aufgrund des technologischen Wandels, des internationalen Wettbewerbs und veränderter Lebensgewohnheiten verschwinden jedoch viele Berufe und diese Organisationsform.

Schematische Darstellung

Rudolf Chavet

Merkmale:

- Traditionelle Familienbetriebe
- Diffuse Zielvielfalt
- Diffuse persönliche Verbundenheit, Abhängigkeit, Solidarität der Beteiligten

Prinzipien:

- Alles tun, um die Treue des Kunden zu bewahren.
- Die Kundensituation kennen.
- Flexibilität, Anpassung und Improvisation.

Strategien:

Durch persönliche Verpflichtung zur Sicherung des Fortbestandes der Familie/des Betriebes geprägt.

Krisen durch:

Überforderung der Führung --->Arbeitsteilung

Technische Funktionsweise.

Die technische Funktionsweise hat sich nie geändert. Kennzeichnend ist eine hierarchische Struktur mit wenigen starren Ebenen. Die Arbeitsverwaltung ist von einem Improvisationsstil geprägt, der Flexibilität und Vielseitigkeit erfordert, mit einem hohen Grad an Autonomie für die in diesem Modell arbeitenden Menschen. Die Beschäftigten planen, organisieren und führen die Arbeit gleichzeitig aus. Alle Funktionen sind an die Fähigkeiten der Person gebunden, die die Arbeit ausführt.
Die Strategie besteht darin, die Situation, in der man sich befindet, beizubehalten, ohne sich weiterzuentwickeln oder etwas verändern zu wollen, was nicht notwendig ist.

Sozial-humane Funktionsweise.

Das sozial-humane Funktionieren kann mit dem einer Familie verglichen werden, in der der Familienvater eine dominante Rolle spielt und die gesamte Verantwortung trägt.
Die Führungsperson ist charismatisch, hat eine starke Autorität und die gesamte Macht über die anderen Personen in der Organisation. Die Führungskraft ist für alles verantwortlich, was mit den Mitarbeitern zu tun hat, die von ihr beurteilt und kooptiert werden.
Sie wählt aus, bildet aus, entlohnt, motiviert, bewertet, fördert, beurteilt die Leistungen der Mitarbeiter, prägt praktisch den gesamten Arbeitsstil, die Strukturen usw. Durch ihre vielfältigen Funktionen übt sie einen starken Einfluss aus und schränkt die Freiheit der Arbeitnehmer ein. Auf der anderen Seite hat der Arbeitnehmer Macht und großen Einfluss auf seine Situation, weil er einen Beruf hat. Er ist kein Proletarier und hat mehr als nur seine Arbeitskraft zu verkaufen, denn er versteht sein Handwerk.

> *Eines der wichtigsten Merkmale dieses Modells ist die Identifikation mit dem Kunden, den es zufrieden zu stellen gilt. Der Vertrag mit dem Kunden ist die Grundlage für die Bezahlung.*
> *Die Entwicklung geht weiter durch Ausbildung und Qualifizierung, die Motivation und Ansporn zugleich sind, um das Stadium des selbständigen Meisters zu erreichen. Wertschätzung wird durch Bekanntheit und einen respektierten "Namen" erreicht.*
> *Kreativität ist ausdrucksstark, egal welches Produkt geschaffen wird. Was zählt, ist die Art und Weise, wie sich der Einzelne manifestiert hat.*[12].

[12]Remouchamps Robert et Tilman Francis, *Créativité et innovation, dans les entreprises et les organisations*, Editions Vie ouvrière, Brüssel, 1991, S. 26

5.3.2. Das wissenschaftliche Modell (Taylorismus, Fordismus)

Folgende Beschreibung ist eine Zusammenfassung aus dem Buch *Sociologie de l'organisation et de l'entreprise* von Renault Sainsaulieu (1987, S.33-36):

> *Diese Organisationsform entstand zu Beginn des 20. Jahrhunderts in Amerika, als sich das Land zu einer Industriegesellschaft entwickelte und die Fortschritte in der Mechanisierung die Massen- und Fließbandproduktion ermöglichten. Sie entstand dort, wo Wellen von Einwanderern bereit waren, alles zu tun, um mehr zu verdienen und ein Mindestmaß an materieller Sicherheit zu erreichen, und wo das Wirtschaftswachstum ständige Produktivitätssteigerungen erforderte. Um all dies zu erreichen, bedurfte es einer straffen und rationalen Organisation.*

Dieses Modell wird auch als Taylorismus bezeichnet und wurde durch den Fordismus ergänzt.
In diesem Modell konnte die Arbeiterklasse in die Gesellschaft integriert werden, indem sie mit Kaufkraft ausgestattet wurde, sodass sie das, was sie produzierte, auch kaufen und am Konsum teilhaben konnte. Dies ermöglichte es sowohl den Arbeitgebern als auch den Arbeitnehmern, ihre Vorteile aus dem System zu ziehen.

> *Heute wird immer deutlicher, dass der Taylorismus/Fordismus an seine Grenzen stößt: Er gerät aus dem Gleichgewicht, weil er nur auf einem Bein steht, nämlich dem des Fortschritts, der in den Maschinen erstarrt ist, und die „menschliche Leistung" als Sachzwang missachtet. Investitionen in Anlagen werden immer mehr zur Verschwendung, da Maschinen mit theoretisch wundersamen Leistungen in einem schlecht vorbereiteten Umfeld eingesetzt werden, das nicht in der Lage ist, ihnen angemessene Betriebsbedingungen zu bieten*[13].

Ich persönlich bin der Meinung, dass die hohen Investitionskosten immer schwieriger und seltener den Punkt der Rentabilität erreichen. Außerdem hat der Taylorismus einen Mechanismus, der leider auch zur Verdrängung von Know-how führt.

---

[13] Messine Philippe, *Les saturniens*, éditions La Découverte, Paris, 1987, S. 128

Schematische Darstellung

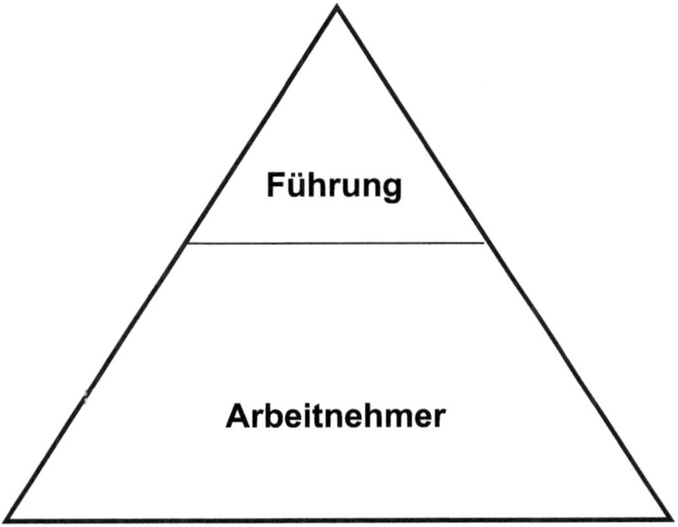

Rudolf Chavet

Merkmale :

- Rationales denken, verwalten und kontrollieren
- Misstrauen

Prinzipien :

- Rigorose und rationelle Organisationsystem,
- Entscheidungen werden von einzelnen Personen getroffen
- MitarbeiterInnen haben geringe Entscheidungskompetenzen
- Mechanischer Rationalismus (geschlossenes System)
- Die Arbeit wird auf nur notwendige Arbeitsgänge reduziert
- Massenproduktion

Strategie :
Produktionssteigerung

Krisen durch :
Zerstörung der beruflichen Werte --> schlechte Moral, Konflikte, Forderungen, usw.

Technische Funktionsweise

Das technische Funktionsprinzip dieses Organisationstyps ist der Rationalismus: Er funktioniert, zersplittert, schottet ab und versucht, die Arbeit

auf elementare, formalisierte, messbare und quantifizierbare Aufgaben zu reduzieren.
Die geringen hierarchischen Strukturen haben die Funktion, die Arbeit in verschiedene Aufgaben zu unterteilen, die durch eine kontinuierliche und zentralisierte Kontrolle verwaltet werden.
Das Hauptmerkmal dieses Modells besteht darin, dass eine hohe Produktivität erreicht werden kann, die Arbeitskräfte mit sehr geringer Qualifikation und Ausbildung erfordert. Die einzige Strategie ist, die Produktivität mit allen verfügbaren und möglichen Mitteln zu steigern, z.B. durch Rationalisierung, Mechanisierung usw.

Sozial-humane Funktionsweise.

Folgende Beschreibung ist eine Zusammenfassung aus dem Buch *Sociologie de l'organisation et de l'entreprise* von Renault Sainsaulieu (1987, S.33):

> *Das menschliche Funktionieren wird im Wesentlichen durch eine imposante und dominante Führung gewährleistet, die die Konzeption von der Ausführung der Arbeit trennt.*
> *Die Arbeitsteilung nach Fähigkeiten setzt ein Prinzip voraus, nämlich das der strengen und wissenschaftlichen Auswahl. Durch Tests der psychomotorischen Geschicklichkeit und der technischen Kenntnisse jedes Einzelnen wird jeder genau an der Stelle eingesetzt, die seinen Fähigkeiten entspricht. "The right man in the right place" ist der Slogan, mit dem Taylor sein System gegenüber seinen Kritikern rechtfertigte, die ihm vorwarfen, jeden beruflichen Wert der Arbeit zu zerstören.*

Die Motivation des Arbeitnehmers ist die Bezahlung nach Leistung. Diese Leistung stellt auch die Grundlage für die Bewertung und Beurteilung dar, was die Wettbewerbsfähigkeit und den Wettbewerb zwischen den Arbeitnehmern erhöht.
Da das Modell auf Massenproduktion ausgelegt ist, die den Regeln von Angebot und Nachfrage des Marktes folgt, folgen auch die Einstellungen und Entlassungen diesen Regeln.
Das gesamte menschliche Funktionieren basiert auf einem Machtverhältnis zwischen Arbeitgebern und Arbeitnehmern. Dies führt zu einem Anspruchs- und Herrschaftsdenken, das wenig Raum für Initiative und Identität lässt.
Kreativität ist rein produktiv. Sie erfordert, dass der Arbeitnehmer seine Fähigkeiten einsetzt.

5.3.3. Bürokratismusmodell

Folgende Beschreibung ist eine Zusammenfassung aus dem Buch *Sociologie de l'organisation et de l'entreprise* von Renault Sainsaulieu (1987, S.38-39):

> *Dieses Organisationsmodell hat sich in den Verwaltungen und Büros parallel zur Industrialisierung der Produktion durch den Taylorismus entwickelt. Beide stehen vor einem Organisationsproblem, nämlich dem Problem der Information und der Kompetenz, die für die Ausübung von Autorität in einer in der Geschichte der Gesellschaften völlig neuen Wirtschaftswelt erforderlich sind. Ausgehend von der Frage der Legitimität der Ausübung von Autorität hat sich die rationale Verwaltung entwickelt, die als Bürokratie bezeichnet wird.*
> *Für die Existenz von Autorität reicht es nicht aus, dass ein Vorgesetzter über ein System von Sanktionen verfügt und diese anwenden kann, wenn der Gehorsam verweigert wird. Vielmehr muss dieses Sanktionssystem von den Untergebenen akzeptiert und als legitim anerkannt werden.*
> *Die Legitimität beruht auf der Überzeugung, dass die Verfahren der Regelsetzung legitim sind. Sie beruht also auf dem Glauben an das Recht derjenigen, die die Autorität haben, diese Verfahren zu ändern oder festzulegen, vorausgesetzt, sie befolgen ein ordnungsgemäßes Verfahren. So ist ein Gesetz legitim, wenn es unter korrekten Bedingungen von korrekt gewählten Vertretern verabschiedet wurde. In diesem Fall ist es gültig und wird als bindend für die Bürger anerkannt.*

Diese Organisationsform hat eine lange Geschichte und wurde bereits in Ägypten, im chinesischen Kaiserreich, in der römisch-katholischen Kirche und in europäischen Staaten angewandt.
Sie entwickelte sich in den 1920er und 1950er Jahren in den Unternehmen, um die Arbeit der Beschäftigten zu planen, zu organisieren, auszuwählen, zu entlohnen, zu leiten, zu bewerten, zu überwachen, zu kontrollieren usw.
Heute hat sich diese Organisationsform in großen Unternehmen weltweit durchgesetzt. Sie hat sich parallel zur Industrialisierung der Produktion entwickelt und folgt den gleichen Prinzipien wie der Taylorismus, wie z.B. Entfremdung, Dominanz, Kontrolle, Aufgabenteilung usw.

Schematische Darstellung

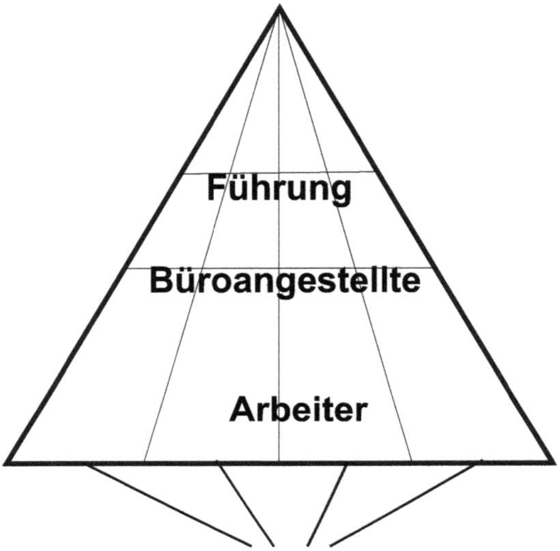

Funktionen

Entwicklung	Verkauf
Produktion	Einkauf
Marketing	Personal
Logistik	
Rudolf Chavet	

Prinzipien :

- Beziehen sich auf die Vorbilder Militär und Kirche
- Legitimierung der Autoritätsausübung
- Institutionalisierung der vertikalen Kommunikationswege
- Ein differenziertes System von Regeln, das allen Mitarbeitern Zuständigkeiten, Entscheidungsbefugnisse, Verfahrensweisen, Arbeitsabläufe detailliert vorschreibt[14]

Strategie :

- Spaltung in Funktionen
- Klassifizierung in Ausführende und Planende, Organisierende und Kontrollierende
- Führung und Reglementierung von allem

[14] Hans Dietrich Engelhardt : Organisationsmodelle, 1995, Verlag Dr. Jürgen Sandmann, S. 14

Krisen durch :

Kontrolle --> Entfremdung, Spaltung, Regeln, Passivität, usw.

Kommentar aus der Literatur:
Folgenden Beschreibung der Bürokratie aus dem Buch von Max de Pree (1989, S. 99) *Die Kunst des Führens* möchte ich Ihnen nicht vorenthalten:

> *Die Bürokratie ist die oberflächlichste und menschenunwürdigste Form von Beziehung. Bürokratie kann unsere Begabungen und unsere Fähigkeiten einebnen.*

Technische Funktionsweise.

Das technische Funktionieren beruht auf der Verwaltung und Regelung all dessen, was notwendig ist, um eine Organisation am Laufen zu halten.
Die Strategie ist die Aufteilung des Personals in Ausführende, d.h. Arbeiter, und Planende, Organisierende, Kontrollierende usw., d.h. Angestellte.
Die bürokratische Arbeitsteilung in verschiedene Abteilungen führt zu einer Abschottung und funktionalen Unterteilung der verschiedenen Abteilungen.
Jede Abteilung hat ihre eigene pyramidenförmige hierarchische Struktur, die die Arbeit durch Autorität steuert, indem sie von den Mitarbeitern automatischen Gehorsam gegenüber formalisierten Strukturen, Regeln und Vorschriften sowie standardisierten Anweisungen verlangt. Um diesen Gehorsam zu erreichen, wird den Beschäftigten eine gewisse Autonomie zugestanden, die jedoch informell bleibt und hauptsächlich von der Dauer der Betriebszugehörigkeit abhängt.
Da es sich um eine bürokratische Organisation handelt, deren Produktivität nicht gemessen wird oder messbar ist (was sich inzwischen geändert hat), sind alle Veränderungen langsam und schwerfällig, da jede Abteilung von der anderen abhängig ist und es wenig Zusammenarbeit zwischen ihnen gibt.
Der Status und die Besoldungsgruppe des Personals richten sich nach der Ausbildung und den daraus resultierenden Qualifikationen.

Sozial-humane Funktionsweise.

Folgende Beschreibung ist eine Zusammenfassung aus dem Buch *Sociologie de l'organisation et de l'entreprise* von Renault Sainsaulieu (1987, S.95-96):

> *Man kann sagen, dass alle menschlichen Tätigkeiten formalisiert sind. Es beginnt mit der Einstellung, einer Prüfung oder einem Auswahlverfahren. Die Verwaltung des Personals erfolgt durch Anweisungen und Verwaltung und ist ebenso formalisiert wie die Beurteilung, die Information und die Entscheidungsfindung, die durch Dienstanweisungen geregelt werden.*

Da die Regeln für alle Mitarbeiter gelten, gibt es wenig Konflikte, was zu menschlichen und gemeinschaftlichen Beziehungen führt, indem die Entfremdung der Menschen gefördert wird.
Die Abhängigkeit von Bezahlung, Verantwortung, Wertschätzung und Status führt dazu, dass Initiative und Engagement schwach und wenig konkurrenzfähig bleiben.
Der Bürokrat muss während seines Arbeitslebens die Karriereleiter hinaufklettern, und zwar durch den Mechanismus von Beförderungen nach Dienstalter, Pensionen, Gehaltserhöhungen usw. - all dies dient im Allgemeinen als Stachel für Disziplin und Konformismus. Von ihm wird erwartet, dass er sein Denken, Handeln und Fühlen an den Erfolg seiner Karriere anpasst. Dies kann aber auch zu Schüchternheit, Konservatismus und Technizismus führen.
Ein weiteres Merkmal des menschlichen Funktionierens des bürokratischen Organisationstyps ist, dass die Bürokraten zusammenarbeiten, ein gemeinsames Schicksal haben, die gleichen Interessen teilen und, solange sie nach Dienstalter befördert werden, wenig konkurrenzfähig sind. Dies führt zu einem Korpsgeist, und die Mitarbeiter setzen sich eher für ihre eigenen Interessen ein als für die des Kunden oder des Vorgesetzten.

5.3.4. Modell der "sozial-humanen Beziehungen"

Folgende Beschreibung ist eine Zusammenfassung aus dem Buch *Sociologie de l'organisation et de l'entreprise* von Renault Sainsaulieu (1987, S.95-96):

Dieses Modell stellt eine Verbesserung gegenüber den beiden oben beschriebenen Modellen dar, bei denen die Qualifikation der Arbeitnehmer, ihr Know-how, nicht mehr gefragt war und manchmal sogar ignoriert wurde. Von ihnen wurde lediglich eine Leistung mit einer gewissen Austauschbarkeit verlangt.
Das Bestreben, die Unternehmen mit immer größerer Produktionseffizienz zu organisieren, hat sehr schnell die ganze Komplexität des Faktors „Mensch“ ans Licht gebracht.
Genügte es bisher, die Menschen nach technischen Fähigkeiten, wirtschaftlichen Bedürfnissen und produktiver Geschicklichkeit zu klassifizieren, um die Produktivität zu steigern und um das zu erreichen, was Taylor und Weber anstrebten, nämlich eine Art unpersönlichen und daher perfekt geregelten Organisationsmechanismus? Je mehr man versuchte, die Arbeit und das gesamte Unternehmen zu organisieren, desto mehr individuelle und kollektive Phänomene traten auf, die sich nicht in die geplante wissenschaftliche Organisation einfügen ließen: schlechte Moral, Konflikte, unzureichende Kommunikation, unerwartete Gruppen, Klassen oder Spaltungen, Ungehorsam, Routine und mangelnde Initiative, Emporkömmlinge oder

Kritiker.... All diese Verhaltensweisen, die scheinbar mehr von den Menschen als von der Organisationsstruktur abhängen, stellen dennoch ein ernsthaftes und häufiges Problem dar. Sollte man solche Bedenken ignorieren und die Organisation weiterhin unbeeindruckt auf der Grundlage wirtschaftlicher und technischer Rationalität denken?
Oder sollten wir diese menschlichen Probleme als Gegenstand einer neuen Suche nach Rationalität betrachten, die sich explizit auf das konzentriert, was bisher vernachlässigt wurde, nämlich die Person und die menschlichen Beziehungen zwischen Individuen?

Schematische Darstellung

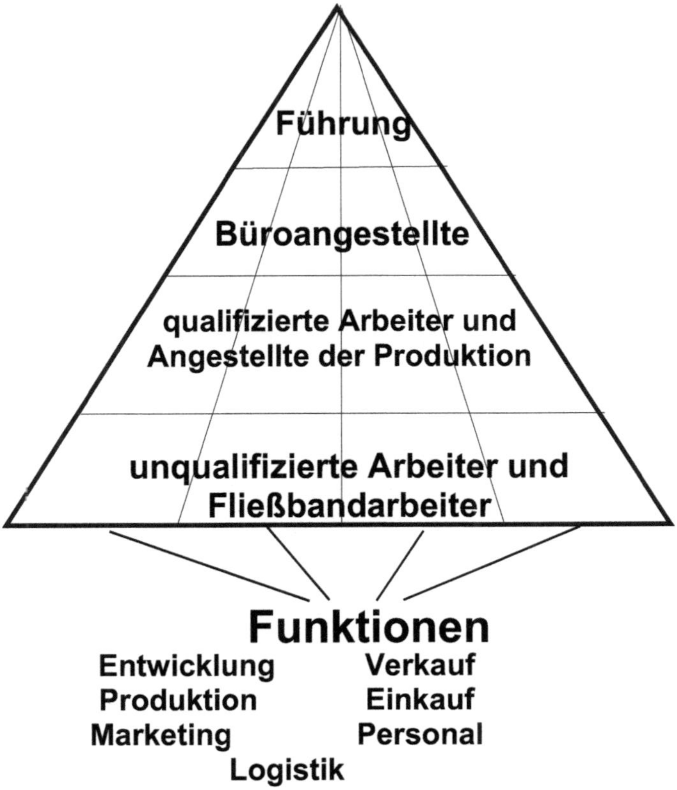

Rudolf Chavet

Prinzipien:

Einbeziehung der „humanen Ressourcen“ in den Produktionsprozess

Strategie :

- Einbeziehung der „humanen Ressourcen“ in den Rationalisierungsprozess durch: z.B. Gruppenarbeit...
- Rationalisierung der Arbeitskraft

Krisen durch :

Krise durch Autonomie, starre Funktionen, Eigeninteressen usw...

Technische Funktionsweise.

Dieses Organisationsmodell wurde Ende der 1950er Jahre eingeführt, als der Fortschritt in Mechanik und Elektronik die Effizienz und Produktivität steigerte. Gleichzeitig wurde die Ausbildung der Arbeiter verbessert und ihr Qualifikationsniveau angehoben, was es den Unternehmern ermöglichte, die Arbeiter in den Produktionsprozess einzubeziehen. Dies erlaubte es den Managern auch, die Produktivität durch leistungsfähigere und kompliziertere Maschinen zu steigern, die besser qualifizierte und motivierte Arbeiter erforderten. Da dieses Modell in erster Linie für die von den Außenstellen geleiteten Werkstätten gedacht war, blieben die hierarchischen Strukturen unverändert.
Der Arbeiter, der immer kompetenter, qualifizierter usw. wurde, verlangte eine gewisse Autonomie, um seine Arbeit zu verrichten, und diese Autonomie wurde ihm durch das technische Management in Gruppen gewährt, in Form von halbautonomen Teams, die sich selbst organisierten und kontrollierten. Innerhalb dieser Einheiten hat jedes Mitglied eine integrierte Funktion, die es ihm ermöglicht, seine Fähigkeiten und sein Wissen zu nutzen. Die Kreativität wurde erfinderisch, indem man auf frühere Erfahrungen zurückgriff und sie auf möglichst originelle Weise nutzte.
Da das Vertrauen in den Arbeitnehmer noch nicht gefestigt ist, üben die Manager unter anderem eine absolute Kontrolle über die Büros aus, was eine undurchsichtige und autoritäre hierarchische Struktur erfordert.
Man kann also sagen, dass die Hauptstrategie die Rationalisierung von Arbeit und Maschinen war. Die Geschwindigkeit des technischen Fortschritts in diesem Zeitraum erfordert und ermöglicht häufige Umstrukturierungen, um auf den Märkten konkurrenzfähig zu bleiben.

Sozial-humane Funktionsweise.

Diese Form der Arbeitsorganisation betrifft vor allem Facharbeiter und Büroangestellte. Es geht primär darum, ihr Verhalten und ihre zwischenmenschlichen Beziehungen zu ändern, d.h. zu lernen, in Gruppen zu arbeiten, sich in eine Gruppe zu integrieren, zu kommunizieren und sich durch Engagement einzubringen, um zur Effizienz der Gruppe und damit

der gesamten Organisation beizutragen. Dies erfordert einen Geist und eine Identität der Zusammenarbeit und Anpassung.
Die Motivation der Mitarbeiter besteht in der Bereicherung und Erweiterung ihrer Arbeit, in der Möglichkeit, innerhalb der Organisation aufzusteigen oder einen anspruchsvolleren Arbeitsplatz zu erhalten, z.B. eine neue Maschine, die eine höhere Qualifikation bedarf. Die Einbeziehung der Beschäftigten erfordert unter anderem mehr Schulungen und bessere Informationen über das Unternehmen und die Arbeit.
Die Beurteilung durch die Vorgesetzten basiert auf der Einschätzung der Fähigkeiten, des Wissens und der Entwicklung der Untergebenen. Diese Beurteilung führt auch zu einer Aufwertung der Arbeiter und Angestellten. Auf der Grundlage dieser Beurteilung wird weiterhin die Entlohnung individuell angepasst und Vergünstigungen in Form von Prämien oder Ähnlichem gewährt.
Die Einstellung erfolgt auf der Grundlage der Eignung der Bewerber für das Unternehmensprofil, d.h., wenn das Unternehmen sich dem Teammanagement verschrieben hat, benötigt es gruppenfähige Personen und weniger Individualisten.
Die Entscheidungsfindung ist problematisch, da die zunehmende Verantwortung der Mitarbeiter auch dazu führt, dass sie an der Entscheidungsfindung beteiligt werden wollen. Der Führungsstil der Vorgesetzten hat daher einen großen Einfluss auf das reibungslose Funktionieren der Organisation.

Das Unternehmen wird dadurch zunehmend als Ort der Persönlichkeitsentfaltung von Facharbeitern und Angestellten gesehen. Auf der Ebene des Individuums spricht man eher von der persönlichen Befriedigung seiner komplexen Bedürfnisse. Ein großer Teil der individuellen Bedürfnisse kann auch in informellen Gruppenbeziehungen gefunden werden. Es ist von größter Bedeutung, die Existenz dieser Gruppen anzuerkennen und sie in die Gesamtfunktion des Unternehmens zu integrieren.

5.3.5. Managementmodell

Folgende Beschreibung ist eine Zusammenfassung aus dem Buch *Sociologie de l'organisation et de l'entreprise* von Renault Sainsaulieu (1987, S.47):

> *Dieses Modell entstand aus dem Modell "humane Beziehungen" und man kann sagen, dass beide heute vereint sind. Das Modell "humane Beziehungen" organisiert die Arbeit in den Werkstätten. Das Modell "Management" leitet die Büroangelegenheiten und nimmt teil an der Arbeit in den Produktionsstätten/Werkstätten, um deren Beteiligung für die Globalziele des Unternehmens zu erreichen.*
> *Dieses Modell, hervorgerufen durch die Komplexität der Veränderungen, wurde notwendig, als die "Unternehmer" (patrons) nicht*

mehr allein die Angelegenheiten ihres Unternehmens leiten konnten. Seitdem mussten die "Unternehmer" auf Personal zurückgreifen, indem die Funktion des ***"Managers"*** *gegründet wurde, welcher damit beauftragt wurde, die Hauptorientierungen des Unternehmens zu entscheiden.*

Schematische Darstellung

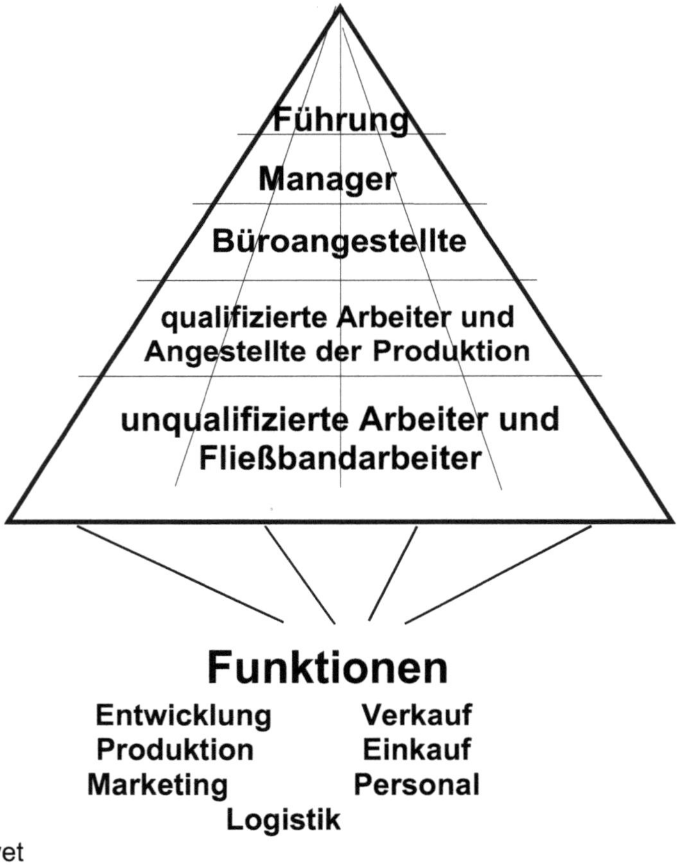

Rudolf Chavet

Prinzipien :

- Der Manager übernimmt die Hauptorientierungen des Unternehmens und fördert die Beteiligung, um die Globalziele des Unternehmens zu erreichen
- Intelligentes Reagieren auf Veränderungen

Strategie :

- Beteiligung der Mitarbeiter durch Autonomie
- Überwindung der Komplexität durch Flexibilität
- Rationelles lenken der Veränderungen in allen Bereichen

Krisen durch :

- Bürokratie, Privilegien usw.
- Wuchernde Individualität vieler Manager[15].

Technische Funktionsweise.

Die technische Funktionsweise kann unter dem Gesichtspunkt der Partizipation betrachtet werden, indem in Teams, autonomen oder teilautonomen Gruppen, gearbeitet wird. Sie stellen Einheiten mit einer gewissen Unabhängigkeit dar und sind miteinander verbunden. Diese Partizipationsstrategie gibt den Menschen ein hohes Maß an Autonomie, solange die Interessen und Ziele des Unternehmens verfolgt werden und die Mittel zur Erreichung dieser Ziele zur Verfügung stehen.
Das Management ist sehr komplex, vor allem weil die Veränderungen systematisch und durch die Unternehmenspolitik herbeigeführt werden. Diese Politik, die zunehmend von externen Faktoren beeinflusst wird, zeigt, dass das Management situationsabhängig ist und sich von Unternehmen zu Unternehmen unterscheidet.
Eine zweite Strategie zur Bewältigung der Unternehmenskomplexität besteht in der Diversifizierung der Produkte durch Flexibilität, was wiederum weniger schwerfällige hierarchische Strukturen erfordert, die auf eine flachere Struktur ausgerichtet sind.

Sozial-humane Funktionsweise.

Diese Organisationsform erfordert eine Identität mit der Unternehmenskultur und ein Denken, das weniger auf sich selbst und mehr auf die Kunden ausgerichtet ist. Sie setzt einen flexiblen und konstruktiven Geist voraus, um für die Kunden der Beste zu sein. Die Initiative, die ergriffen werden muss, besteht darin, innovativ, flexibel und konstruktiv für die Kunden zu sein.
Die Entscheidungsfindung wird an die Gruppen delegiert, mit der Unterstützung und Beteiligung von Experten. Die Vorgesetzten haben sich in Ermöglicher, Moderatoren, Lotsen usw. verwandelt.
Die Bewertung erfolgt anhand der Ergebnisse und die Kreativität, auf deren Grundlage der Manager seinen Vertrag und seine Karriereplanung aushandeln kann, ist die Basis für die Bezahlung. Mobilität,

---

[15] Renault Sainsaulieu : *Sociologie de l'organisation et de l'entreprise*, Presses de la fondation nationale des sciences politiques sciences politiques, Paris & Editions Dalloz, Sirey 1987, S. 184

Verantwortungsbereitschaft und Offenheit für Veränderungen sind Kriterien für Aufstieg und Karrierechancen.
Wertschätzung erfolgt durch Weiterbildung und die Möglichkeit zur Mitgestaltung, um ein gewisses Maß an Freiheit und Autonomie zu erlangen.

Menschliches Funktionieren wird also vor allem durch die Übertragung von mehr Verantwortung an die Arbeitsgruppen sowie durch die Möglichkeit zur Selbstkontrolle, Selbstorganisation, Selbstplanung und Selbstverwaltung bewirkt.
Um dieses Ziel zu erreichen, ist es notwendig, Führungskräfte auszubilden, die in der Lage sind, zu führen und zwischenmenschliche Beziehungen zu pflegen, um die Gruppen in die allgemeinen Ziele des Unternehmens einzubinden. Diese Politik, die sich auf die Ausbildung von Vorgesetzten und Führungskräften konzentriert, ist von entscheidender Bedeutung.

5.3.6. Zusammenfassung der Organisationsmodelle

Die fünf oben beschriebenen Organisationsmodelle bauen aufeinander auf, ohne das vorhergehende abzuschaffen, und waren nie rein. Dies zeigt, dass die Arbeitsorganisation ein kontinuierlicher Prozess ist, bei dem ein Modell nach dem anderen entwickelt wird, ohne das vorhergehende aufzugeben. Heute können wir sagen, dass die fünf Modelle für verschiedene Personalkategorien in den Unternehmen parallel existieren. Diese Personalkategorien mit ihren entsprechenden Modellen können wie folgt klassifiziert werden:

<u>Handwerkermodell</u>	Experten, die direkt an das Management berichten
<u>Das wissenschaftliche Modell</u>	Unqualifizierte Arbeiter und die Arbeiter am Fließband
<u>Das Bürokratismusmodell</u>	Büroangestellte
<u>Modell der "sozial-humanen Beziehungen"</u>	Die qualifizierten Arbeiter und Angestellte in den Werkstätten, wie z. B. die Meister
<u>Managementmodell:</u>	Die Manager

5.3.7. Problemsituation

Diese komplexe Situation finden wir heute in fast allen Organisationen. Ich denke, sie wird auch weiterhin bestehen bleiben. Vor allem in Unternehmen, in denen <u>formalistische</u> und <u>bürokratische Strukturen</u> benötigt werden, wie z.B. in Unternehmen, die auf Massenproduktion ausgerichtet sind.

Das Problem dieser Situation ist, dass alle Formen der Arbeitsorganisation eine gemeinsame Tendenz haben, nämlich die Zunahme des Individualismus und die Trennung der verschiedenen Interessengruppen innerhalb des Unternehmens.
Da die Trennung der Interessengruppen ein Hindernis für die Entwicklung der Solidarwirtschaft ist, braucht sie eine neue Form der Arbeitsorganisation, die die Interessengruppen miteinander verbindet.
Es gibt noch viele andere Gründe, auf die ich hier nicht eingehen möchte.

Es stellt sich nun die Frage, wie die Arbeitsorganisation für die Solidarwirtschaft aussehen könnte.
In erster Linie denke ich, dass die Solidarwirtschaft eine andere sozialhumane Arbeitsorganisation braucht. Es geht also darum, neben der heute allgemein gültigen, global orientierten Arbeitsorganisation eine nachhaltige sozial-humane Arbeitsorganisation für die Solidarwirtschaft zu entwickeln.

5.3.8. Konsequenz

Als Konsequenz dieser komplexen Situation mit unterschiedlichen Rahmenbedingungen gilt es demnach, ein für die Solidarwirtschaft zukunftsorientiertes, transparentes und offenes Organisationssystem zu schaffen. Auch deshalb, damit Aufgaben interdisziplinär und bereichsübergreifend gelöst werden können.

Dies zeigt, dass die Solidarwirtschaft eine völlig andere Arbeitsorganisation als die traditionelle Arbeitsorganisation erfordert und eine Veränderung von Gewohnheiten und Verhaltensweisen voraussetzt. Es ist völlig logisch, dass dies nicht kurzfristig erreicht werden kann, und dass der Aufbau der Solidarwirtschaft langsam und Schritt für Schritt erfolgen muss. Wichtig ist der Anfang.
Die Akteure müssen es also schaffen, ihre Anstrengungen gleichzeitig auf:
- Verhaltensweisen, die die Zusammenarbeit fördern,
- Kommunikation,
- Planung, Strukturierung und Kontrolle mit Hilfe von Instrumenten und Techniken, die ein effizientes Funktionieren ermöglichen,
zu konzentrieren.

Dies erfordert andere Bedingungen für das Verhalten, das Vertrauen und die Verantwortung der Akteure in der Solidarwirtschaft als in der allgemeinen Wirtschaft.

Im folgenden Kapitel habe ich versucht, einen ersten Entwurf einer solchen Arbeitsorganisation zu beschreiben.

5.4. Arbeitsorganisation für die Solidarwirtschaft

In den oben beschriebenen Organisationsmodellen ist eine kooperative, bereichs- und hierarchieübergreifende Zusammenarbeit kaum oder nur unter Zwang möglich. Für die Solidarwirtschaft gilt es daher, neben den starren hierarchischen Strukturen, eine Netzwerkorganisation aufzubauen, in der es um eine veränderte Art der Zusammenarbeit und des Umgangs miteinander geht.
Diese Arbeitsorganisation entspricht der eines Unternehmens, in dem die klassische Arbeitsteilung aufgehoben und durch bereichsübergreifende Vernetzung ersetzt wird.
Dabei geht es nicht darum, das eine durch das andere zu ersetzen, sondern das eine für die rationale Ökonomie und das andere für die Solidarwirtschaft zu nutzen.
Bezogen auf die Märkte könnte man sagen, die rationale traditionelle Organisationsform für die globale Wirtschaft bzw. den globalen Markt und die kooperative nachhaltige Organisationsform für die Solidarwirtschaft bzw. den lokalen und regionalen Markt.

Schematisch kann man beide Organisationsformen der **rationalen Organisation** und der nachhaltigen, vernetzten, bereichsübergreifenden, ressourcenschonenden Organisation wie folgt darstellen und zusammenfassen:

rationelles Organisationsmodelle
(Kontrollmanagement)

natürliche und offene Organisationsmodelle
(Management by comitment)

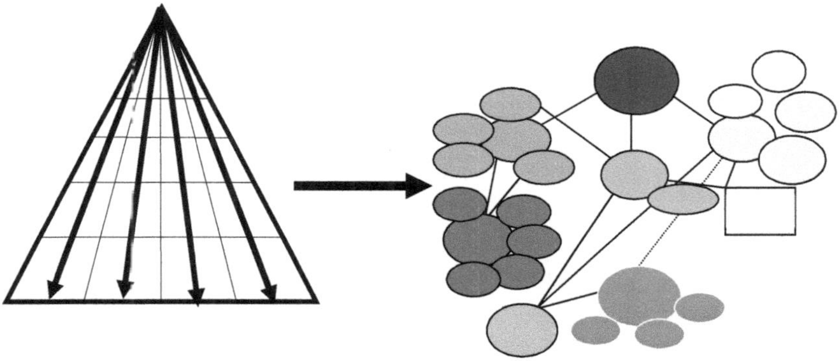

Misstrauen
rationales denken verwalten
und kontrollieren

natürlich
Vertrauen
Selbst-Verantwortung
demokratisch, kooperativ partizipativ, offen und transparent,
auf Konsens ausgerichtet.

Rudolf Chavet

Wie schon gesagt, gilt es nicht die eine durch die andere abzulösen, da dies mit zu hohen Risiken verbunden wäre, sondern stattdessen beide miteinander zu verbinden.
Schematisch könnte man dieses Organisationsmodell wie in folgendem Schema darstellen:

Rationelles und kooperatives Organisationsmodell

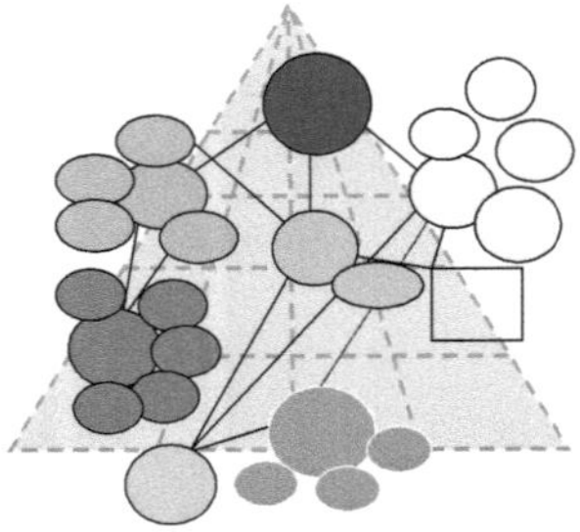

Rudolf Chavet

Durch diese Verbindung besteht die Möglichkeit, dass die nachhaltige kooperative Organisationsform Elemente der traditionellen Organisationsform übernehmen kann.
Wichtig wird sein, dass auch kooperative nachhaltige Wirtschaftssysteme rational organisiert und geführt werden.
Die rationale Organisation sollte bzw. könnte rein virtuell und auf der operativen Ebene nicht sichtbar sein.

Zusammengefasst lässt sich sagen, dass die operationelle Organisation (kooperativ und nachhaltig) natürlich, und die institutionelle Organisation rationell ist.

Heute stellen sich somit folgende Fragen:
Wie rational ist unser heutiges Wirtschaftssystem überhaupt noch und wie rational gehen wir mit Ressourcen um?
Es ist also erlaubt, das traditionelle, auf Rationalität basierende Wirtschaftssystem generell in Frage zu stellen.

Im Idealfall gilt es, beide Organisationsformen miteinander zu verbinden.
Im folgenden Kapitel beschreibe ich anhand meiner Erfahrungen und einiger Gespräche, wie eine Arbeitsorganisation für die Solidarwirtschaft aussehen könnte. Anschließend werden die dafür notwendigen Rahmenbedingungen aufgezeigt.

5.4.1. Prinzipien der Funktionsweise

Die Prinzipien dieses Arbeitsorganisationssystems für die Solidarwirtschaft, die alle dazu dienen, die Unternehmensziele zu erreichen sind:

- Auflösung der starren Trennung der Funktionen und der Hierarchien.
- Förderung der Kooperation und der Beziehungen.
- Einbeziehung aller Ressourcen in den Rationalisierungsprozess.
- Übertragung der Verantwortung auf alle Beteiligten.
- Transparenz.

Auch wenn diese Prinzipien von vielen als utopisch und unrealistisch angesehen werden, weil die meisten Manager und Verantwortlichen in der Wirtschaft davon ausgehen, dass gerade in schwierigen Zeiten mit harter Hand geführt werden muss, bin ich mehr denn je davon überzeugt, dass langfristig und zukunftsorientierte Unternehmen nur durch eine Organisation, die auf ZUSAMMENARBEIT UND BEZIEHUNGEN basiert, überlebensfähig sind und Chancen haben.

Die hierfür notwendigen Voraussetzungen basieren auf den Prinzipien der **Beziehungen** sowie der **Kooperation** und setzen, wie bereits erwähnt, Veränderungen und Rahmenbedingungen für das **Verhalten, Vertrauen und die Verantwortung** der Beteiligten voraus.

5.4.2. Kriterien der Funktionsweise

Als Kriterien habe ich die von Renault Sainsaulieu (1987, S.81-82), die er in seinem Buch *Sociologie de l'organisation et de l'entreprise* beschrieben hat, übernommen und durch eigene ergänzt:

1. Kriterien der "sozial-humanen" Funktionsweise:

Führung (psychosozial)	Entscheidung
Beziehungen, Konfliktsteuerung	Ausbildung
Anwerbung	Beförderung, Förderung
Bezahlung	Motivation
Verantwortung, Delegierung	Geist
Information / Kommunikation	Initiative, Engagement
Beurteilung	Identität
Aufwertung / Anerkennung	Kreativität

2. Kriterien der "technisch-wirtschaftlichen" Ebene:

Hierarchie, -struktur	Produktivität
Qualifikation	Form der Veränderungen

Arbeitsteilung, -durchführung	Strategie, Ziele setzen
Führung (unter sachlichem. Aspekt)	Autonomie

5.4.3. Beschreibung der Kriterien

5.4.3.1. Beschreibung der Kriterien der „sozial-humanen" Funktionsweise

Die Beschreibung der Kriterien basiert, mit Ausnahme der angegebenen Quellen, auf meinen eigenen Erfahrungen, Einschätzungen sowie einigen Gesprächen und bezieht sich somit nicht auf eine wissenschaftliche Untersuchung.
Bitte beachten Sie, dass die Beschreibungen nur ein Ansatz sind, welche erst nach der Einführung der Solidarwirtschaft weiter ausgearbeitet werden können.

1. Führung (unter humanem Aspekt) / Förderung der Zusammenarbeit

Wie auf stürmischer See. Klare Anweisungen. Präzise Ausführung.
Weg vom funktionärhaften Fürsorgesystem.

Der erste Grundsatz für den Aufbau der Solidarwirtschaft besteht darin, dass das Management anerkennen muss, dass sie nicht von oben nach unten umgesetzt werden kann. Die Demokratisierung des Personalmanagements ist von entscheidender Bedeutung. Die neuen Technologien sowie die Komplexität der Verfahren und der Organisationen setzen eine stärkere Zusammenarbeit zwischen der Gemeinschaft und allen Beteiligten voraus und erfordern diese sogar. Der Arbeitnehmer ist nicht mehr nur ein Angestellter, sondern ein Partner, der sich den Herausforderungen des Unternehmens stellt.

Um dieses Vertrauen zu erreichen, ist ein Führungsstil erforderlich, der dies fördert. Es geht nicht mehr darum, Arbeitsvorgänge zu koordinieren und Menschen zu managen, sondern darum, ein System zu managen.

2. Beziehungen / Kommunikation

Das Unternehmen der Solidarwirtschaft kann als ein geeintes Unternehmen definiert werden, dessen Originalität darin besteht, dass die Beziehungen und die soziale Bindung zwischen den Mitarbeitern auf Solidarität und auf dem Dialog zur Beilegung von Konflikten beruht. Der externe und interne Lieferant ist Partner in einem Vertrauensverhältnis, mit dem gegenseitige Verpflichtungen definiert werden.
3. Anwerbung, Einstellung von Personal

Die Willigen und Einsatzbereiten
humane Fähigkeiten,
interessiert,
psychologische Eigenschaften,
über diplomiert

Angesichts der Tatsache, dass:
- das Individuum der zentrale Wert in der Unternehmenslogik der Solidarwirtschaft ist (der Mensch ist nicht mehr Produktionsmittel, sondern Mehrwert des Unternehmens),
- die Logik des Gehorsams durch die Logik der Verantwortung ersetzt wird,
- das Sozialmanagements allgemein aufgewertet wird,

wird es noch wichtiger, die Anwerbung mit Vorsicht zu gestalten. Dies auch deshalb, weil heute viele Bewerber überqualifiziert sind und kaum mit einem ihrem Abschluss entsprechenden Gehalt rechnen können.

Ein Unternehmen der Sozialwirtschaft muss also ein großes Budget für die Personalauswahl bereitstellen, da die Qualität des Personals eine unabdingbare Voraussetzung für die Leistungsfähigkeit des Unternehmens ist.

All dies zeigt auch die Problematik der Entlassungen. Das Unternehmen, das viel in seine Mitarbeiter investieren muss, um sie zu Partnern zu machen, wird gezwungen sein, die Entlassungen ebenso gut zu verwalten wie die Einstellungen.

Die Unternehmen der Sozialwirtschaft werden daher professionelle Hilfe in Anspruch nehmen müssen.
Da auch die aktuelle Gesetzgebung sehr komplex ist, besteht die Notwendigkeit, sich intensiv mit dem Thema Personaleinstellung zu beschäftigen.

4. Bezahlung

- Nach Erfolgreicher Mission. Wie beim Fischfang. Das Resultat wird nach einem gerechten System aufgeteilt
- Nach Bedarf und der familiären Situation
- Durch Beteiligung am Unternehmen

Die klassische Entlohnung nach Einstufung und Funktion ist eine Grundfunktion des Personalmanagements heutiger Arbeitsorganisationsformen. Sie funktioniert jedoch nicht in der Solidarwirtschaft.
Daher müssen andere Formen der Entlohnung angewandt werden. Eine Möglichkeit könnte darin bestehen, ein festes Mindestgrundgehalt zu zahlen, das durch eine flexible und bewegliche Vergütung in Form von

finanzieller Beteiligung, verschiedener Anreize und einer stärkeren Individualisierung der Gehälter ergänzt wird.
Die Vergütung ist somit flexibel und hängt von den finanziellen und wirtschaftlichen Ergebnissen des Unternehmens ab.

5. Verantwortung

Die Verantwortung liegt immer mehr bei den Menschen selbst. In der Solidarwirtschaft ist es nicht mehr möglich, sich nur für sich selbst und die eigene Aufgabe verantwortlich zu fühlen. Die Solidarwirtschaft erfordert eine erweiterte Verantwortung gegenüber dem Umfeld der Aufgabe. Das bedeutet auch, dass sich die Verantwortung des Unternehmens gegenüber seinen Mitarbeitern ändert. Die Mitarbeiter, die immer mehr Verantwortung im Unternehmen übernehmen, können nicht mehr als einfache Arbeitnehmer betrachtet werden.
All dies funktioniert jedoch nicht, wenn sich nicht auf allen Ebenen ein verändertes Verantwortungsbewusstsein entwickelt.
Die Verantwortung muss von den Systemverantwortlichen auf alle Beteiligten übertragen werden.
Auf keinen Fall darf es dazu kommen, dass die Verantwortlichen das System für eigene Interessen, Prestige etc. missbrauchen.

6. Information - Kommunikation

Da die Effizienz ein entscheidender strategischer Parameter für den Erfolg der Solidarwirtschaft ist, muss der internen und externen Kommunikation besondere Aufmerksamkeit geschenkt werden.
Die Kommunikation ist somit das Herzstück der Organisation der Solidarwirtschaft. Die Kommunikation trägt dazu bei, alle Beteiligten dauerhaft zu Verbündeten des Unternehmens zu machen. Seine Mitarbeiter, seine Kunden, seine Finanzpartner, sein lokales und regionales Umfeld usw. helfen dem Unternehmen, erfolgreich zu sein und seine Energien zu bündeln. Je besser das Unternehmen intern und extern kommuniziert, desto effizienter ist es.
Damit alle Mitarbeiterinnen und Mitarbeiter ihre Arbeit so gut wie möglich selbst in die Hand nehmen können, müssen sie über Technologien, anstehende Investitionen, aktuelle und künftige Produkte, Kundenreaktionen usw. informiert sein. Kommunikation wird somit zu einer wesentlichen Managementaufgabe.

7. Beurteilung / Einschätzung

BeurteilungsbesprechungNach Vielseitigkeit
Nach den erreichten Ergebnissen

8. Aufwertung / Anerkennung

Das Gehalt kann nicht mehr das einzige Anerkennungskriterium sein. Wie man Menschen wertschätzen kann, ist eine der großen Fragen, die wir uns heute stellen. Mögliche Antworten: durch Partizipation, mehr Freiheiten, Weiterbildung etc.

9. Entscheidung

Vorbei sind die Zeiten, in denen Entscheidungsträger sehr oft nach ihren eigenen Interessen gehandelt haben. Um diese Situation zu überwinden, müssen Entscheidungen im Interesse des Unternehmens demokratisch getroffen und durch eine sorgfältige Analyse der möglichen Folgen bewusst gemacht werden.

10. Ausbildung / Lehrzeit / Unterweisung

Auch in der Solidarwirtschaft wird es darum gehen, die Humanressourcen bestmöglich zu nutzen und zu fördern.
Ein qualifizierter, vielseitiger, verantwortungsbewusster, motivierter und flexibler Arbeitnehmer ist vor allem auch ein besser ausgebildeter und informierter Arbeitnehmer.
Die Ausbildung sollte folgende Bereiche umfassen

- Kommunikation, um den Austausch in Gruppen zu erleichtern
- Wirtschaft und Management, um besser zu verstehen, wie die Arbeitseinheit funktioniert
- Sicherheit, um die Zahl der Arbeitsunfälle zu verringern
- Energiemanagement zur Senkung der Energiekosten
- Statistik und Problemlösungsmethoden, um die Qualität der Produkte zu verbessern und die persönliche Autonomie zu erhöhen

Eine gute Ausbildung des mittleren Managements ist ebenfalls notwendig, um dessen Widerstand gegen Veränderungen zu verringern. Die Ausbildung ist somit eine Chance zur Motivation und auch zur persönlichen Entwicklung.

11. Beförderung / Förderung

Ich selbst habe keine Vorstellung davon, wie die Beförderung in der Solidarwirtschaft gehandhabt werden könnte.
Es gibt keine Aufstiegschancen mehr wie in der Vergangenheit, als diese sich automatisch ergaben. Es ist auch nicht mehr möglich, dass jeder eine Führungskraft wird und Karriere macht oder aufgrund seines Dienstalters als Belohnung für geleistete Dienste einen privilegierten Status erreicht.

Auch kann die Beförderung nicht mehr auf der Grundlage persönlicher Beziehungen und nach Kundenwunsch erfolgen.

Wer beruflich vorankommen will, muss geistig ausgewogen sein. Emotionale Unreife würde die Kommunikation behindern und Spannungen hervorrufen, die zu Konflikten, Rivalitäten, Eifersüchteleien und Desinteresse an den Aufgaben der Organisation führen würden.

12. Motivation

Das Einbringen des Selbst sogar in die kleinste Arbeit, auch wenn sie zunächst als Zumutung empfunden wird, ist eine der Erwartungen an die Mitglieder eines auf Solidarität basierenden Unternehmens. Man muss sich also von der Gewohnheit verabschieden, acht Stunden am Tag mit Routinen zu ertragen, um sich dann in der Freizeit voll einbringen zu können. Selbstmotivation ist die größte Herausforderung für Organisation und Management. Wie dies unter den Bedingungen geringer Entlohnung erreicht werden kann, hängt auch von den Rahmenbedingungen der Organisation ab.
Wichtig ist vor allem, dass die Organisation auf dem Prinzip der größtmöglichen Wertschätzung der Mitglieder aufbaut.

13. Geist

Der auf Erfolg, Wettbewerb, Individualismus und Kurzfristigkeit ausgerichtete Geist in den Unternehmen muss sich ändern, um einen kollektiven Geist der Solidarität zu schaffen. Dies ist besonders wichtig für junge Menschen, die in das Berufsleben eintreten und sich zu sehr an der Vorstellung des Gewinners orientieren.
Der Geist muss kollektiv und solidarisch sein.

14. Initiative / Engagement

Die Zeiten, in denen der Arbeitnehmer im Wesentlichen nur ein Befehlsempfänger von oben war, gehen zu Ende. Heute geht es darum, alle Fähigkeiten, Talente und Ressourcen im Unternehmen zu mobilisieren.

Initiativen und Aufgaben müssen im Interesse des Ganzen und nicht nur im Interesse des Einzelnen wahrgenommen werden. Ein Unternehmen, das die Bedeutung der Humanressourcen anerkennt und seine Mitarbeiter einbeziehen will, ist verpflichtet, die Kreativität seiner Mitarbeiter zu mobilisieren. Dies auch, um Probleme aller Art zu lösen, insbesondere Demotivation, Langeweile etc.

15. Identität
Der Arbeitnehmer braucht etwas, um sich mit dem Unternehmen, in dem er arbeitet, zu identifizieren und stolz darauf zu sein. Ein Management, das das Engagement der Mitarbeiter fördert, und eine motivierende Unternehmenskultur können dieses Bedürfnis befriedigen.
Die Unternehmenskultur ist somit heute eines der Instrumente zur Steuerung der sozialen Beziehungen im Unternehmen und trägt dazu bei, die Identität der Mitarbeiter mit ihrem Unternehmen zu stärken.

Um eine neue Identität der Zugehörigkeit und der Hierarchie zu schaffen, müssen die Rollen des Personals verändert, indem die verschiedenen Hierarchieebenen einander angenähert werden, wodurch die Möglichkeit geschaffen wird, die Identität zu stärken.
Die Solidarwirtschaft erfordert eine Identität auf allen Ebenen und muss von den Führungskräften selbst als Priorität gelebt werden.

16. Kreativität, Innovation

Folgender Text stammt aus dem Buch *Créativité et innovation, dans les entreprises et les organisations* von Remouschamps Robert Tilman Francis, Editions Vie ouvrière (1991, S. 21):

> *In den meisten Reden in Unternehmen wird die Kreativität gelobt, alle sind sich einig, dass es wichtig ist, die Kreativität zu mobilisieren. In den Unternehmen werden alle möglichen Methoden, Techniken, Werkzeuge usw. eingesetzt, um die Kreativität zu fördern.*
> *Um Kreativität mobilisieren zu können, müssen zunächst die anderen bisher behandelten Punkte untersucht werden, was zeigt, dass die Problematik dieses Punktes mit der des Themas "Motivation" vergleichbar ist.*
> *Die Voraussetzungen, um kreativ und innovativ zu sein, sind folgende:*
>
> *1. Durch Glauben: Man muss an die Veränderung(en) glauben, wenn man wirklich will, dass sie sich durchsetzen. Es bedarf eines echten Glaubens, um die bestehenden Muster zu erschüttern. Man muss Willensstärke zeigen; sich engagieren.*
> *2. Durch Flexibilität: d. h. Vermeidung von Dogmatismus und starrem Denken. Die Stellungnahmen müssen dennoch konsistent und beständig sein. Kein Platz für Kompromisse.*
> *3. Indem man nur für sich selbst spricht. Keine Loyalität gegenüber irgendwelchen externen Autoritäten. Autonomie und Unabhängigkeit sind zwei grundlegende Positionen.*

4. <u>Indem man seinen Überzeugungen treu bleibt</u> und sie in den Augen der Menschen, die man beeinflussen möchte, als konsistent erscheinen lässt.

Es versteht sich jedoch von selbst, dass noch weitere Faktoren in den Prozess einfließen müssen.
Um diese Bedingungen zu erfüllen, gilt es für das Unternehmen alle Anstrengungen auf sich zu nehmen, um eine moderne Arbeitsorganisation zu schaffen.

<u>Zusammenfassung der Beschreibungen</u>

1. Führung / Förderung der Zusammenarbeit
Zusammenarbeit, Kooperation, Partnerschaft
Demokratisierung des Unternehmens
Beugung
2. **Beziehungen / Kommunikation**
Konflikte steuern, Dialog
Solidarität
3. Anwerbung
humane Fähigkeiten
psychologische Eigenschaften
über diplomiert
4. **Bezahlung**
nach Leistung
in Funktion des wirtschaftlichen Ergebnisses des Unternehmens
5. Verantwortung
delegieren
übertragen an Spezialisten
gegenseitig
6. Information
korrekt, vollständig
effektiv
7. Beurteilung / Einschätzung
Beurteilungsbesprechung
nach Vielseitigkeit
nach den erreichten Ergebnissen
8. Aufwertung / Anerkennung
Weiterbildung
Beteiligung, Freiheit
9. Entscheidung
im Interesse des Unternehmens
mit Bewusstsein
unterstützt von Experten
10. **Ausbildung / Lehrzeit / Unterweisung**
in Kommunikation, in Wirtschaft, in Methodologie, in Statistik
strategisch
11. Beförderung / Förderung
nach Beurteilung des mentalen Gleichgewichts
Wissen über das Unternehmen und Firmengruppe
12. Motivation
Selbstentfaltung, Selbstmotivation
Rotation

Einbeziehung
13. Geist
kollektiv, Vereinigung, Solidarität
14. Initiative / Engagement
im Allgemeininteresse
innovativ, konstruktiv
Flexibilität
15. Identität
Unternehmenskultur
Annäherung der sozialen Stände
Loyalität
16. Kreativität
Erneuerung
hervor- herausragen,

5.4.3.2. Beschreibung der Kriterien der „technisch rationelle Ebene"

Die Kriterien der technisch rationellen Ebene können nur auf der Grundlage von Erfahrungen im Rahmen eines Modellbetriebes aufgezeigt werden.
Daher beschränke ich mich bei der Beschreibung auf einige wesentliche Punkte:

1. Hierarchie
führend, nicht dominierend, flach, Teams
2. Qualifikation / Kompetenz
erweitert, erweiterbar, entwicklungsfähig (evolutiv), anhaltend Kapazitäten Ideen vorzuschlagen
3. Arbeitsteilung / Arbeitsdurchführung
Ende der Arbeitsteilung, Rotation
4. Führung (unter sachlichem Aspekt)
Flexibilität, Beteiligung, Einordnung
Ausrichtung der Energien auf gemeinsame Ziele
5. Autonomie / Verantwortung
solange die Interessen und Ziele des Unternehmens verfolgt werden
solange die Mittel vorhanden sind
kollektiv, kleine Gruppen
6. Produktivität / Effektivität
durch Gruppendynamik, Teamarbeit
Beteiligung des Personals an die wirtschaftlichen Ziele des Unternehmens
durch die Nutzung aller Ressourcen, aller Kapazitäten

7. Form der Veränderungen

Permanenter/ständiger Anpassungsprozess

Rollenveränderung

Dezentralisierung

8. Strategie / Ziele setzen

human, ökologisch, hin zum Kunden

Qualitätssteigerung

   Entsprechend den Bedürfnissen des Kunden
   Entsprechend der Machbarkeit.
   Vermeidung jeder Art von Prestigedenken.

Tabellarische Zusammenfassung der Rahmenbedingungen der verschiedenen Arbeitsorganisationen

Folgende Tabellen fassen die Rahmenbedingungen der hier oben beschriebenen Arbeitsorganisationsformen zusammen.

Zusammenfassung der technisch-wirtschaftlichen Funktionsweise

Kriterien →	1	2	3	4	5	6	7	8
Organisations-Modelle (Führungsmodelle)	**Hierarchie Entscheidungsfindung**	**Qualifikation Kompetenz**	**Arbeitsteilung Arbeitsdurchführung**	**Führung, Planung**	**Autonomie (Verantwortung)**	**Produktivität *Effektivität***	**Form der Veränderungen**	**Strategie Ziele setzen**
Handwerkschaftlich	wenige Ebenen, transparent, starr, wie ein Kamm, Genossenschaft	evolutiv durch Lehrjahre und Erfahrung	vielseitig, Flexibilität, (polyvalent)	Improvisation, Flexibilität	hoch, in Verbindung mit der Aufgabe	nicht gesucht	selten, da nicht gefragt und nicht nötig, traditionell	die Situation, in der man sich befindet, beibehalten
Wissenschaftliche Arbeitsorganisation **Taylorismus** **Fordismus**	wenige Ebenen, Auftauchen der Kontroll- und Überwachungsebenen	sehr gering, zentriert auf den Arbeitsgang, wofür die Qualität 100% sein muss (Schraube 100%festdrehen können)	Zerstückelung der Arbeitsgänge, Trennung von Planung und Produktion	Zentralisierung Kontrolle Funktional Stoppuhr	abhängig von der Funktion, schwankt zwischen gering und hoch gewisse Autonomie, versteckte Autonomie	hoch und ständig entsprechend der Leistungssteigerung des Arbeiters erhöht	durch Bruch und Umorganisation, Rationalisierung, Mechanisierung, erzwungen	Produktivitätssteigerung
Bürokratie (Koordinierung)	mehrere Ebenen, Piramiedenstruktur, autoritär	angepasst am Status und Grad	Unterteilung der Bereiche, funktionale Teilung der Arbeit	rational, Kontrolle, funktional, bürokratisch, Regeln	individuell und informell, hängt stark vom Dienstalter ab	nicht gemessen, nicht messbar	langsam, schwerfällig, nicht als notwendig empfunden	Klassifizierung des Personals, Unterordnung, Sanktionen

sozial-humane Beziehungen **<u>Delegierung</u>**	nicht transparent	gefordert für den Kader, Angestellten und die qualifizierten Arbeiter, gering für die anderen	Ausdehnung und Bereicherung der Arbeitsgänge Spezialisierung	absolute Kontrolle, Gruppenführung	beschränkt auf die Aufgabe bzw. Einschließung und Anpassung an eine Gruppe	durch Motivation und Einbeziehung des Personals in das Unternehmensprojekt	häufig durch Motivationsappelle und Weiterbildung des Personals	Rationalisierung des Personals durch Maschinen, Einbeziehung des Personals
Management **<u>(Kooperation)</u>**	horizontale Struktur	Mobilität des Kaders, Kreativität, breit	hierarchische Teilung, aber keine funktionale Teilung	komplex, hängt von der Situation ab	solange die Interessen und Ziele des Unternehmens verfolgt bleiben, (solange die Mittel vorhanden sind)	durch Leistungssteigerung und vorgeschriebene Planung bzw. Verplanung	systematisch durch Veränderungen der Unternehmenspolitik, abhängig von der U-politik, ständige Erneuerung	große Produktpalette, Beteiligung, Flexibilität
Solidarwirtschaft	führend, nicht dominierend, kleine Gruppen	erweitert, evolutiv, anhaltend, Kapazität Ideen vorzuschlagen, Umschulung	Ende der Arbeitsteilung, auch der funktionalen, Rotation	Flexibilität, Beteiligung, Einordnung, Ausrichtung der Energien auf gemeinsame Ziele	kollektiv, kleine Gruppen	durch Gruppendynamik Beteiligung des Personals an die wirtschaftlichen Ziele, *Ausnützen der Kapazitäten (34)*	permanente Anpassung, Rollenveränderung, Dezentralisierung	Nachhaltigkeit, human, ökologisch, hin zum Kunden, <u>Qualitätssteigerung</u>

Zusammenfassung der sozial-humanen Funktionsweise

N	Kriterien -→	1	2	3	4	5	6	7	8
	Organisations-Modelle (Führungsmodelle)	**Führung (Förderung der Zusammenarbeit)**	**Beziehungen Konfliktsteuerung**	**Anwerbung**	**Bezahlung**	**Verantwortung**	**Kommunikation Information**	**Beurteilung Einschätzung**	**Anerkennung Aufwertung**
1	**handwerkschaftlich**	Einschränkung der persönlichen Freiheit, autoritär	familiär, genossenschaftlich, Zunft, Innung, Gilde	Kooptierung (Zuwahl durch die Innung) innerhalb der Familie und dem direktem Umfeld Berufsschulen	entsprechend dem Kontrakt gemacht mit dem Kunden	hoch	beruflicher Erfahrungsaustausch, kurze Wege	durch sich selbst und den Meister	Erfahrung, bekannt sein, sichtbar sein mit selbst Geschaffenem
2	**Wissenschaftliche Arbeitsorganisation** **Taylorismus** **Fordismus**	vorgeschrieben, dominierend, zentralisiert, autoritär	individuell, Konkurrenz, Wettbewerb	psycho-technische Auswahl	pro Stück, nach Leistung, Prämien	begrenzt auf den Arbeitsgang, aber da 100%	formal von oben die Hierarchieebenen runter	Ein- Abschätzung und Analyse des Arbeitsplatzes, Leistung, Ertrag	Leistung, Ertrag
3	**Bürokratie (Koordinierung)**	Anerkennung der legalisierten Vorschriften, Verwaltung, Dominanz	Freundlichkeit, Gemeinschaft, human, Anpassung	Prüfungen, Wettbewerbe	Status, Dienstalter, Gruppenprämien	informal, hängt vom Status ab	formal von oben die Hierarchieebenen runter	formalisiert, objektiv	Dienstalter, Status
4	**sozial-humane Beziehungen**	Einbeziehung (Integration des Personals,	Kommunikation, autonome und	abhängig vom Profil des Unternehmens	personalisierte Vorteile, Prämien	gesteigert, aber von	besser über das Unternehmen informiert	Abschätzung des Untergebenen durch	Fähigkeiten, Wissen, Entwicklung, Werdegang

	(socio-technique) **<u>Delegierung</u>**	Beteiligung, humane Führung	halbautonome Gruppen, Anpassung und Unterordnung in Gruppe			mehreren Kontrollen begleitet		den Chef, soziale Bilanz	
5	**Mangement** **<u>(Kooperation)</u>**	unternehmerisch, dynamisch, kreisförmig, transparent, selbstführend	Verbund kleiner Einheiten untereinander verbunden und D103 relativ unabhängig	Auswahl des Kaders, Motivation	Vertrag, Projekte, Karriereplan	hoch, Selbstkontrolle, Selbstorganisation, Selbstplanung	hohe Kommunikation	nach Verdienst und Kreativität	Beteiligung, Weiterbildung, Freiheit im eigenen Bereich, Autonomie
6	**Solidarwirtschaft**	Zusammenarbeit, Kooperation, Partnerschaft, Demokratisierung des Unternehmens, *Beugung*	Kollektivität, Solidarität, Dialog, *sozialer Zusammenhalt*	humane Fähigkeiten, psychologische Eigenschaften überqualifiziert	nach Leistung, in Funktion des wirtschaftlichen Ergebnisses des Unternehmens	gegenseitig, *Spezialisten* delegieren	korrekt, vollständig, *effektiv*	Beurteilungsbesprechung, nach Vielseitigkeit, nach den erreichten Ergebnissen	Weiterbildung, Beteiligung, Freiheit

N	Kriterien -→	9	10	11	12	13	14	15	16
	Organisations-Modelle (Führungsmodelle)	**Entscheidung**	**Ausbildung, Lehrzeit, Unterweisung**	**Beförderung (Förderung)**	**Motivation**	**Geist**	**Initiative Engagement**	**Identität**	**Kreativität**
1	**handwerkschaftlich**	Konsens, Verhandlung, Risiko	kontinuierlich, auf lange Sicht	Lehrling, Geselle, Meister	Beförderung, Freiheit, Unabhängigkeit, beruflicher Werdegang	alles für den Kunden, (problemorientiert)	Zufriedenstellung des Kunden, intuitiv	mit dem Kunden	*ausdrucksvoll, gefordert, notwendig*
2	**wissenschaftliche Arbeitsorganisation** **Taylorismus** **Fordismus**	hierarchisch, formelle Prozeduren	minimal, einfache Einweisung bzw. Einführung von Anwerbern	in der Qualifizierung	Lohn	dominierend, Macht, unzuverlässig, Forderungen	gering, einfacher Ausführende	nicht gefragt	produktiv
3	**Bürokratie (Koordinierung)**	Reglementierung, Bestimmungen	Abendschule, in Bezug auf die Aufgabe	Diplome, satzungsmäßige Karriere	Privilegien, Status, Weiterbildung, Einbeziehung in eine Gruppe	Disziplin, Mannschaft, kollektiv, Forderungen	geringe Konkurrenzfähigkeit, gering	Gleichförmigkeit	(vertikal)
4	**sozial-humane Beziehungen *(socio-technique)*** **Delegierung**	Führungsprobleme, Chefstyle	erhöht, Weiterbildung in Bezug auf humane Beziehungen des Kaderpersonals	interne Beförderung, anspruchsvollere Arbeit, *Kompetenz*	Anreicherung und Erweiterung des Arbeitsbereichs, variable Funktionen, Beförderung	Kooperation, Anpassung, kollektiver Werdegang, Kommunikation	Einbeziehung, Wirksamkeit (Effizienz)	Anpassung an die Gruppe	erfinderisch

5	**Mangement (Kooperation)**	Delegierung, Gruppenent-scheidung	Spezialisierung, Gruppendyna-mik, Umschu-lung des Kaders	Mobilität, Än-derungen, Verantwortung	Karriere, Strebertum	konstruktiv, des "Besse-ren", ener-gisch, alles für den Kunden, flexibel	Innovation, Flexi-bilität, konstruktiv	Beteiligung, Mitwirkung partizipativ, Unterneh-menskultur	(vertikal zum horizontalen)
6	**Solidarwirt-schaft**	im Interesse des Untern., mit Bewusst-sein, unter-stützt von Experten	in Kommunika-tion, in Wirt-schaft, in Me-thodologie, in Statistik	mentales Gleichgewicht, Wissen über das Untern. und Firmen-gruppe	Selbstentfal-tung, Selbst-motivation, Rotation, Einbezie-hung	kollektiv, Verei-nigung, Solida-rität	im Allgemeininte-resse, Flexibili-tät, Bewusstsein, Einbeziehung	Unterneh-menskultur, Annäherung der Ebenen, Loyalität	Erneuerung, hervor- her-ausragen, (horizontal)

5.6. Schlussfolgerung:

Nach der Anerkennung dieser Rahmenbedingungen müssen die Verantwortlichen, die die Entwicklung der Solidarwirtschaft planen, den funktionalen Rahmen schaffen, der auf die Aufwertung der Humanressourcen ausgerichtet ist.

In gewisser Weise ist es den Verantwortlichen, die die Solidarwirtschaft entwickeln wollen, auferlegt, viel zu lernen. Im Prinzip müssen sie in der Lage sein, einen mehr oder weniger rationalen, mehr oder weniger spirituellen Ansatz zu verfolgen.

Unter diesem Gesichtspunkt kann man auch optimistisch sein und davon ausgehen, dass eines Tages mit Hilfe der Arbeitssoziologie ein breiter Konsens für die Entwicklung der Solidarwirtschaft gefunden wird.

Die Theorie der Arbeitssoziologie ist eine sehr junge Wissenschaft und befindet sich noch in der Entwicklungsphase. Ein weiteres Problem besteht darin, dass Arbeitssoziologen kaum Zugang zu den Unternehmen haben.

Bei all dem darf man nicht zu sehr auf die Unterstützung der Verantwortlichen in Gesellschaft, Wirtschaft und Politik hoffen. Diese sind ausreichend damit beschäftigt, die Dinge am Laufen zu halten.

Kapitel 6 Steuerung der Kooperationsprozesse

Die Zusammenarbeit zwischen Personen, Abteilungen oder anderen Interessengruppen kann Schwierigkeiten bereiten, die nicht von heute auf morgen gelöst werden können. Die Komplexität der gesellschaftlichen Situation zwingt immer mehr Menschen dazu, mit mehreren Experten, Abteilungen, Unternehmen und Institutionen effektiv zusammenzuarbeiten. Die zunehmende Komplexität zwingt auch die Unternehmen immer mehr, die Zusammenarbeit innerhalb ihres Unternehmens zu fördern und Kooperationen mit anderen Unternehmen einzugehen.
<u>Kooperationen mit anderen Unternehmen eröffnen der Solidarwirtschaft mit ihren vielen kleinen Unternehmen und Existenzgründern ein großes Chancenpotential.</u>

Die Zusammenarbeit und Kooperation zwischen Hierarchien, Kulturen, Generationen und Bereichen wird daher immer dringlicher. Folgende eigene
Darstellung macht deutlich, worum es dabei geht.

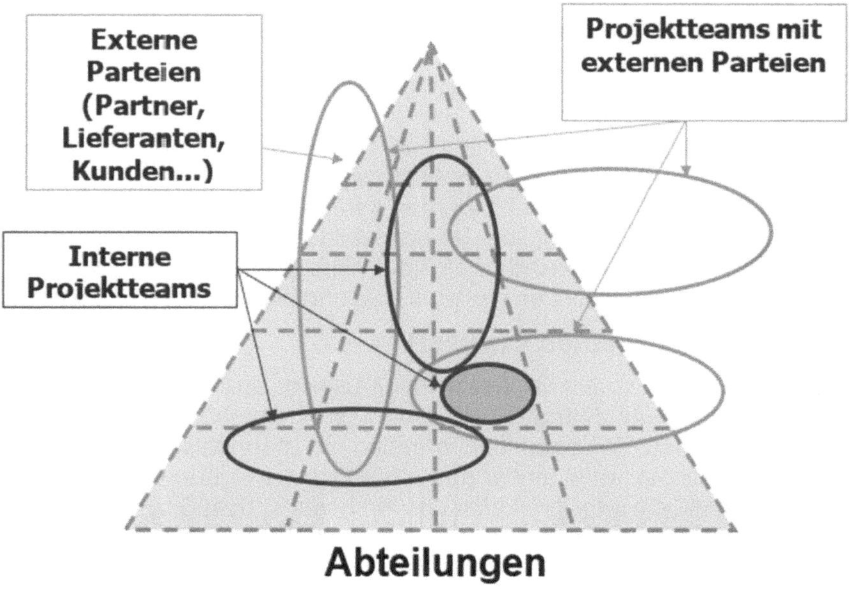

Diese zeigt auch, dass die derzeitige Arbeitsorganisation, die auf Disziplinen, Funktionen und Hierarchien basiert, für die Solidarwirtschaft nicht geeignet ist. Demnach stellt sich folgende Frage:

Wie kann eine effektive und nachhaltige Zusammenarbeit zwischen verschiedenen Hierarchien, Funktionen, externen Partnern und Experten gestaltet werden?

Angesichts einer Entwicklung, bei der einerseits immer weniger Ressourcen zur Verfügung stehen und andererseits immer mehr die Mobilisierung aller verfügbaren Ressourcen erforderlich ist, um sie bewältigen zu können, ist es wichtig, der Gestaltung und Steuerung von Prozessen von Anfang an große Bedeutung beizumessen.
Dies auch, um die Komplexität und Langwierigkeit der Prozesse und Aktivitäten bewältigen zu können. Mit den Arbeitsmethoden, Techniken und Werkzeugen von gestern wird dies nicht funktionieren, daher müssen universell angepasste Arbeitsmethoden zur Steuerung der Prozesse eingesetzt werden.
Menschen unterschiedlicher Kulturen, Mentalitäten und unterschiedlicher Herkunft können so besser miteinander umgehen und arbeiten lernen, was gerade für ein zusammenwachsendes Europa und den Aufbau einer Solidarwirtschaft von höchster Bedeutung ist. Dabei ist es von großem Nutzen, mit universellen, einfachen und praktischen Methoden zu arbeiten. Die Bedeutung des Methodenmanagements für die Gestaltung von Prozessen wird somit von entscheidend sein.

Da ich selbst seit vielen Jahren in einem Blasorchester spiele, möchte ich anhand der Funktionsweise eines Orchesters kurz erläutern, wie dies in der täglichen Arbeit umgesetzt werden kann. In der Musik hat sich eine methodische Gesetzmäßigkeit herausgebildet, die weltweit akzeptiert wird, ohne dass der Musikhörer dies bemerkt. Er merkt sehr wohl, wenn die Gesetzmäßigkeit nicht eingehalten wird und die Musik nicht wohlklingt.

Funktionsweise eines Orchesters

Stellen Sie sich also ein Orchester mit Musikern aus aller Welt vor, das überall auf der Welt auftreten kann. Alle Instrumentengruppen spielen in unterschiedlichen Tonlagen und ergeben ein harmonisches Klangbild, wenn alle Gruppen aufeinander abgestimmt sind und jeder Musiker seine Aufgabe erfüllt, die ihm vom Leiter des Orchesters, dem Dirigenten, zugewiesen wurde.

Orchesterarbeit = Teamarbeit:

- Der Dirigent gibt als starke Persönlichkeit das Ziel und den Ton vor.
- Die Musiker sind die Teammitglieder, die alle nach den gleichen Regeln spielen.
- Jeder ist ein Gewinner.
- Jeder spielt das Instrument, das er beherrscht und das ihm zugeteilt wurde.
- Jeder spielt seine Partitur, die ihm vom Team anvertraut wurde, und keine andere, auch wenn sie noch so interessant ist, auch wenn andere sie besser spielen könnten.
- Jeder kann sich dort, wo er sitzt, voll entfalten.
- Jeder lässt dem anderen die Möglichkeit, sich dort zu entfalten, wo es die Partitur von ihm verlangt. Das bedeutet auch, dass der Musiker im Interesse des gesamten Orchesters dort vollen Einsatz geben muss, wo es von ihm verlangt wird.
- Absolute Zuverlässigkeit wird von jedem erwartet.
- Jeder freut sich über den Erfolg des anderen, der auch bei Misserfolg das ganze Orchester schlecht macht.

Gruppeneinteilung am Pult mit einem Stimmführer, der meist der Erfahrenste, aber nicht unbedingt der Beste sein muss. Mit diesen Regeln funktioniert ein Orchester – egal wie groß es ist – und es klingt harmonisch. Wenn diese Regeln jedoch nicht eingehalten werden, funktioniert das Orchester nicht.

Wichtigkeit von Arbeitsmethoden

Ich denke, dass die Beschreibung der Funktionsweise eines Orchesters zeigt, wie notwendig universelle, effiziente, disziplinierte und praktische Arbeitsmethoden, Techniken und Werkzeuge sind, um in jeder Situation und an jedem Ort effektiv zusammenarbeiten zu können. Dies wird auch für den Aufbau der Solidarwirtschaft dringend erforderlich sein. Vor allem, um die Strategien der Kooperation und Solidarität zu beherrschen.
Kooperationsmethoden und Projektmanagement werden dabei eine zentrale Rolle spielen, denn nur mit einer starken Kooperations- und Solidaritätsstrategie, die allen Menschen eine Chance gibt, kann die Gesellschaft, die vor ihr liegenden Probleme bewältigen.

Diese Methoden sind auch dringend notwendig, um in einer Zeit des harten Wettbewerbs, der zunehmenden Komplexität, der Globalisierung, der Rationalisierung, der Reorganisation, der Ressourcenverknappung und des tiefgreifenden gesellschaftlichen und technologischen Wandels bestehen zu können.

In dieser Welt, in der sich alles verändert, brauchen wir eine gut funktionierende Organisation, vergleichbar mit einem Orchester. So können alle Beteiligten klar und deutlich sehen, wie die Prozesse gestaltet sind, was auch notwendig ist, um die Nerven zu behalten. Leider ist unser Bildungssystem kaum auf diese Bedürfnisse ausgerichtet. Ich werde später in Kapitel 11 darauf zurückkommen.

Um die Bedeutung zu unterstreichen, möchte ich noch ein Zitat von Gerhard Nagel aus seinem Buch *Die Rivalen* auf Seite 5 anführen, das klar beschreibt, worauf es in Zukunft ankommt.

> *Es ist das uralte und doch hochaktuelle Ringen zwischen den beiden Management-Polen „Zielorientierung" und „Prozessorientierung", das mich (der Autor) in meiner eigenen Arbeit permanent beschäftigt. Da sind auf der einen Seite die coolen, straffen, effizienten Manager, die sich auf die Fakten und Ergebnisse konzentrieren, die mit hohem Durchsetzungsvermögen Krisen überwinden und Strukturen durchbrechen. Getragen werden diese Manager oft vom unbeirrbaren Glauben, durch eigenes Zutun direkten Einfluss auf die Geschehnisse in ihrem Unternehmen zu haben. Diesen „Machern" stehen diametral die „Entwickler" gegenüber, die das Unternehmen als komplexes System sehen und allen schnellen, direktiven Eingriffen misstrauen, weil sie erfahren haben, wie gering oft deren Nachhaltigkeit ist. Für sie ist es entscheidender, die Organisation in einem weiterführenden Prozess zu halten, die Menschen zu entwickeln und im Veränderungsprozess zu „surfen".*

Da es für den Aufbau der Solidarwirtschaft den „Entwickler" bedarf, zu denen ich mich zähle, wird es sehr wichtig sein, dass er sich die notwendigen Prozessgestaltungsmethoden aneignet. Dabei wird es vor allem darauf ankommen, wie eine bereichs-, interdisziplinär-, hierarchie-, generationen- und kulturübergreifende Zusammenarbeit gestaltet werden kann. Dazu ist es notwendig, die Prozesse mit effizienten, allgemeingültigen und praxisnahen Methoden zu steuern. Es geht hier vor allem um die Definition und Steuerung von Kooperationsprozessen. Dies dürfte nach Jahren der Individualisierung der Gesellschaft der schwierigste Teil sein.
Daher ist es notwendig, von Anfang an <u>angepasste Management- und Arbeitsmethoden anzuwenden, die sich von den üblichen, auf Weltwirtschaft, Rationalisierung und kurzfristige Gewinne ausgerichteten Methoden unterscheiden.</u>
Vor allem vor dem Hintergrund mit allen Beteiligten konsensual und langfristig orientiert arbeiten zu können, denn nur so können kooperative, bereichsübergreifende, effiziente und unbürokratische solidarische Organisationssysteme aufgebaut werden.

Erstellung eines Methodenhandbuchs

Bei der Gestaltung des Prozesses geht es im Wesentlichen darum, das Vertrauen aller Beteiligten zu gewinnen und die Beziehungen zwischen den Akteuren durch die gemeinsame Festlegung von Zielen, das Anhören der Standpunkte der anderen und die Förderung der externen Zusammenarbeit zu stärken.
Daher sollte die Zusammenarbeit als grundlegende Arbeitsmethode für die Gestaltung der Prozesse der Solidarwirtschaft von zentraler Bedeutung sein.
Bevor mit dem Aufbau der Solidarwirtschaft begonnen wird, ist es daher wichtig, in einem Handbuch zu beschreiben, wie dies in der Praxis geschehen soll. Es gibt zwar viele Bücher über Projektmanagement, Teamarbeit, Konfliktmanagement usw., diese beziehen sich jedoch eher auf das heutige Wirtschaftssystem, welches auf Produktivität und Profit ausgerichtet ist. Es ist daher notwendig, dass sich einige Experten Gedanken darüber machen, wie Kooperationsprozesse speziell für die Solidarwirtschaft gestaltet werden müssen. Vor allem mit Blick auf die verschiedenen Ebenen, die sich gegenseitig bedingen: die technische, die organisatorische und die psychosoziale Ebene.

Ein wesentlicher Bestandteil des Handbuches sollte sein, wie eine transparente und offene Projektarbeit funktioniert, denn Solidarwirtschaft kann nur durch die Vernetzung vieler einzelner Projekte aufgebaut werden.
An dieser Stelle wollte ich eigentlich etwas Basiswissen rund um das Projektmanagement einfügen und auch erläutern, warum das Projektmanagement beim Aufbau der Solidarwirtschaft spielen könnte.
Da sich aber unter der Einbeziehung der nachhaltigen und ökologischen Dimensionen das Projektmanagement der Solidarwirtschaft vom heute üblichem Projektmanagement unterscheiden wird, muss dieses spezifisch für die Solidarwirtschaft definiert werden.

Dies auch weil Projektarbeit immer komplexer wird und immer komplexere wirtschaftliche, administrative, soziale, rechtliche, technische, ökologische oder sonstige Dimensionen beinhaltet.
All dies gilt es zu berücksichtigen und benötigt das Know-how einzelner Spezialisten und Experten.
In dem weltweit operierenden Unternehmen, in welchem ich während den Jahren 1971 bis 1998 in der Forschungs- und Entwicklungsabteilung als Konstrukteur gearbeitet habe, wurde schon in den 80 Jahren das Projektmanagement eingeführt und ein eigenes Projektmanagement-Handbuch erstellt.

Dieses wurde immer wieder auf das Unternehmenssystem angepasst. Eventuell könnte man auf ähnlicher Art und Weise für den Aufbau der Solidarwirtschaft vorgehen.

Als erstes gilt es somit einen Leitfaden zu erstellen, in dem die verschiedenen Methoden, Techniken, Werkzeuge und Instrumente zur Gestaltung der Prozesse beschrieben werden. Dies wäre eine Aufgabe für ein zu gründendes Institut, auf das ich im 11. Kapitel eingehen werde. Vor allem sollten auch die besten und einfachsten Computerprogramme eingesetzt werden, um die Zusammenarbeit optimal und effizient zu gestalten.

Nun gilt es, dieses Wissen so zu formulieren, dass es für jedermann verständlich und nachvollziehbar ist. Manchmal genügt ein wenig Wissen, um anzufangen und Schritt für Schritt voranzukommen. Um das Wissen über diese Arbeitsmethoden mit ihren Techniken und Werkzeugen möglichst vielen Interessierten zu vermitteln, ist es notwendig, wie bereits erwähnt, ein mehrsprachiges Schulungs- und Beratungszentrum aufzubauen.

Kapitel 7: Umsetzungsstrategien

Nun stellt sich die Frage: Wie kann eine solche Wirtschaft parallel zur bestehenden Wirtschaft aufgebaut werden?
Das bestehende Wirtschaftssystem wäre dann konzertiert, global und profitorientiert, während die alternative Solidarwirtschaft dann nachhaltig, lokal/regional, solidarisch und damit gemeinwohlorientiert wäre.

Wie bereits beschrieben, unterscheiden sich die Prinzipien, Bedingungen, Grundsätze usw. der Solidarwirtschaft grundlegend von denen der in den Industrieländern vorherrschenden globalen Ökonomie und erfordern daher auch grundlegend andere Umsetzungsstrategien. Im Folgenden möchte ich einige mögliche Strategien beschreiben.

7.1. Einbeziehung des Vorhandenen

Das Grundprinzip einer solchen Strategie besteht darin, alles, was vorhanden ist, einzubeziehen und zu nutzen und jedem die Möglichkeit zu geben, sich einzubringen. Geldgeber bringen ihr Geld ein, andere ihre Maschinen und Infrastruktur, wieder andere ihre Arbeitskraft und wieder andere ihr Können und Wissen. So bleiben die Investitionen klein und die Gewinne können direkt vor Ort reinvestiert werden und verschwinden nicht in den globalen Finanzsystemen.

> Wenn alle gemeinsam daran arbeiten, die Geldgeber, die Politik, die Medien, die Wissenschaft, die Wirtschaftsverbände mit den Akteuren an der Basis, dann schaffen wir es, wieder eine ökologisch nachhaltige solidarische Wirtschaft aufzubauen.

7.2. Fairness

Carel van Schaik & Kai Michel (2016, S.178) schreiben in ihrem Buch *Das Tagebuch der Menschheit*:

> *Die Grundregel der Fairness gehört zur psychischen Grundausstattung der Menschen und ist keine Erfindung der Bibel. Sie ist eine der Hauptquellen für das altruistische Verhalten der Art Homo sapiens. Wenigstens was die eigene Gemeinschaft angeht, fordern wir Gleichheit und Gerechtigkeit und sympathisieren mit den Schwachen gegen all jene, die danach streben, die Macht zu monopolisieren. Varianten der goldenen Regel finden sich im Moralsystem rund um den Globus – ob diese nun religiös sind oder nicht. Was früher bei Jägern und Sammlern selbstverständlich war, muss in der neuen Welt ausdrücklich formuliert werden.*

7.3. Aufbau von kollaborativen Commons

Da sich die kollaborativen Commons in Amerika sehr stark entwickeln, denke ich, dass man versuchen sollte, sich ein Bild davon zu machen, um sich für die Entwicklung der Solidarwirtschaft inspirieren zu lassen.
Im Internet gibt es dazu unzählige Einträge und ich möchte hier nur auf den hochinteressanten Bestseller *Die Null-Grenzkosten-Gesellschaft* von Jeremy Rifkin aus dem Jahr 2014 verweisen. In diesem Buch wird ein neues Wirtschaftssystem – die kollaborativen Commons – prägnant beschrieben und es geht im Wesentlichen darum, dass jeder Einzelne, jede Gemeinde und Region wieder zu Konsumenten werden, die ihr eigener Produzent sind. Zusammenfassend möchte ich 2 Zitate von Jeremy Rifkin anbringen:
Seite 9:

> *Ein neues Wirtschaftssystem – die kollaborativen Commons – betritt die ökonomische Weltbühne. Sie sind das erste neue ökonomische Paradigma seit dem Aufkommen von Kapitalismus und Sozialismus im frühen 19. Jahrhundert, das tatsächlich Wurzeln zu fassen vermag. Und sie bringen einen grundlegenden Wandel in der Organisation unseres Wirtschaftslebens, der sowohl die Möglichkeit einer drastischen Verringerung der Einkommenskluft als auch einer Demokratisierung der Weltwirtschaft und die Chance zum Aufbau einer ökologischen nachhaltigen Gesellschaft in Aussicht stellt.*

Seite 229:

> *Bis in die jüngste Zeit sahen Ökonomen und Historiker in den Commons ein einzigartiges ökonomisches Modell, dessen Bedeutung unauflöslich an die Feudalgesellschaft gebunden war. Während der zurückliegenden fünfundzwanzig Jahre jedoch hat eine jüngere Generation von Wissenschaftlern und Praktikern damit begonnen, sich mit den Commons als Verwaltungsmodell zu befassen. Sie ahnten, dass ihre Leitprinzipien, ihre Basis – überarbeitet und auf den neuesten Stand gebracht – ein praktisches Organisationsmodell für eine im Übergang begriffenen Ökonomie bieten könnten. Darin sollte die zentrale Befehls- und Kontrollstruktur des Geschäftslebens einer dezentralen, lateral skalierten Peer-Produktion weichen, bei der der Austausch auf den Märkten gegenüber dem Zugang zu miteinander in Netzwerken teilbaren Gütern und Dienstleistungen an Bedeutung verliert – und wirtschaftliches Leben sich eher um soziales als um Marktkapital organisiert.*

Die große Frage, die sich stellt, ist: „Wie können wir einen reproduzierbaren Common schaffen, der in ganz Mitteleuropa und darüber hinaus reproduziert werden kann?“ Auf diese Frage werde ich im Kapitel Praxisbeispiel einen ersten Entwurf eines Vorschlags machen. Es sollte langsam auch den Theoretikern bewusst werden, dass Bücher, wie das von Rifkin wenig nützen, wenn der Beweis der Machbarkeit in der Praxis aufgrund übermäßigen Theoretisierens immer noch ausbleibt.

7.4. Alle Menschen werden zu Mitgestaltern

Auch wenn viele an alten, bisher erfolgreichen, auf Wettbewerb und Individualismus basierenden Strategien festhalten, werden in den turbulenten Zeiten, die auf die Gesellschaft zukommen werden, bei knapper werdenden Ressourcen insbesondere kooperative und solidarische Strategien für die Gestaltung der gesellschaftlichen Veränderungsprozesse in Zukunft unverzichtbar sein. Wie sonst können in die Passivität gedrängte Menschen bzw. breite Bevölkerungsschichten mit ihren Fähigkeiten und Talenten genutzt werden?

Die Situation ist vergleichbar mit einem Schiff auf hoher See: wenn das Wetter stürmisch wird, müssen alle Seeleute mit anpacken. Es geht also darum, Möglichkeiten zu schaffen, dass alle Mitglieder der Gesellschaft die Möglichkeit haben, mitzuarbeiten bzw. eine Funktion und Verantwortung zu übernehmen. Jedenfalls können die Verantwortlichen in der Gesellschaft all dies nicht ignorieren.

7.5. Aufbau von Wirtschaftsstrukturen mit niedriger und mittlerer Technologie

Im Folgenden möchte ich an die vier Thesen von E.F. Schumacher (1977, S. 159) aus seinem Buch *Die Rückkehr zum menschlichen Maß (Small is beautiful)* erinnern, die ich am Anfang dieses Buches (S. 21) zitiert habe.

- *Erstens müssen Arbeitsplätze in den Gebieten geschaffen werden, wo die Menschen jetzt leben, und nicht in erster Linie in Großstadtbereichen, wohin sie sonst wandern würden.*
- *Zweitens müssen diese Arbeitsplätze im Durchschnitt billig genug einzurichten sein, so dass eine große Zahl davon zur Verfügung gestellt werden kann, ohne dass Kapitaleinsatz und unerschwingliche Einfuhren von Maschinen erforderlich sind.*
- *Drittens müssen die angewandten Produktionsverfahren relativ einfach sein, so dass nur ein Mindestmaß an Facharbeit erforderlich ist. Das gilt nicht nur für den eigentlichen Produktionsprozess, sondern auch für die Organisation, die Rohmaterialbeschaffung, die Finanzierung, den Vertrieb und so weiter.*
- *Viertens muss hauptsächlich aus einheimischen Materialien und hauptsächlich zum Verbrauch am Ort produziert werden.*

7.6. Aufbau von regionalen Wirtschaftsstrukturen

Ich selbst beschäftige mich seit über 20 Jahren mit regionalem Wirtschaften und bin davon überzeugt, dass alternative Wirtschaftssysteme wie z.B. die Solidarwirtschaft nur dann eine Chance haben, wenn sie auf regionaler Ebene operieren und dafür auch eigene Strukturen in Kooperation mit den bestehenden Strukturen aufgebaut werden.
Eine realistische Chance besteht z.B. darin, wieder lokale regionale (dezentrale) Wirtschaftsstrukturen mit niedriger und mittlerer Technologie – wie oben beschrieben – aufzubauen, in denen alles, was in einer Region oder Kommune autark und verbrauchernah produziert werden kann, auch dort produziert wird. Grund hierfür ist, dass die Gewinne wieder in der Region bleiben und auch dort investiert werden können.

Die Grundausstattung einer solchen Region umschreibt E.F. Schumacher (1977, S. 160-161) in seinem Buch *Die Rückkehr zum menschlichen Maß (Small is beautiful)* folgendermaßen:

> *Jedes Gebiet hätte im Idealfall eine Art von innerem Zusammenhang und Eigenwertgefühl und besäße mindestens eine Stadt als Gebietsmittelpunkt. Eine „kulturelle Struktur" ist ebenso nötig wie eine „Wirtschaftsstruktur". Daher müsste es, neben der in jedem Dorf vorhandenen Grundschule, einige kleine Marktstädte mit höheren Schulen geben. Das Gebietszentrum wäre groß genug, um eine Hochschule unterhalten zu können. Je größer das Land ist, desto größer ist die Notwendigkeit einer inneren „Struktur" und einer dezentralisierten Entwicklung. Wenn das vernachlässigt wird, gibt es für die Armen keine Hoffnung.*

Um das wirklich zu verstehen, möchte ich Sie bitten, das hochinteressante Buch von E.F. Schumacher zu lesen. Glücklicherweise wurde dieser Bestseller 2019 von Niko Paech neu aufgelegt.

Krister Volkmann beschreibt in seinem Buch *Regional und trotzdem global, Solidarische Ökonomie im Spannungsfeld zwischen Regionalität und Globalität* eine Strategie, worum es in Zukunft gehen wird.
Folgend zwei Einträge aus seinem Buch:
Seite 175:

> *Camagni (1991) hat in allgemeiner Weise ein „innovatives Milieu" (milieu innovateur) definiert, in dem eine vertikale Integration, die Diffusion von Wissen, Partnerschaften sowie Kooperationen zwischen dem privatem und dem öffentlichen Sektor eine wesentliche Rolle spielen. Mit Bezug auf diese verschiedenen Blickwinkel auf das Phänomen, das heutzutage meist mit „Cluster" umschrieben wird, benennt Ferrari viele wesentliche Merkmale dieses Entwicklungsmodells:*

1. *Eine räumliche Konzentration von spezialisierten Unternehmen eines Wirtschaftssektors*
2. *Ein gemeinsamer kultureller und sozialer Hintergrund,*
3. *Die integrierende Wirkung eines Beziehungsnetzwerkes, das kompetitive wie kooperative Elemente enthält, und*
4. *Ein Netzwerk aus öffentlichen und privaten Institutionen, die das lokale System unterstützen. Das bekannteste Beispiel für ein solches „milieu of innovation" (Castells 1989: 82) ist das Silikon Valley in Kalifornien, doch gibt es derartige Innovationsmilieus auch für andere moderne Hochtechnologiebereiche.*

Das Modell der Wirtschaftscluster hat inzwischen in großem Maß Beachtung gefunden (vgl. z.B. Kujath 2005)

Seite 194:

Die Cluster-Forschung hat gezeigt, dass selbst kleine wirtschaftliche Einheiten eine eindrucksvolle Produktivität entwickeln können, die denen von Großbetrieben in nichts nachsteht, wenn sie sich in einem Netzwerk von kooperativem Wettbewerb befinden. Voraussetzung hierfür ist die Einbettung in einem gemeinsamen kulturellen und sozialen Hintergrund, der die gegenseitige Anerkennung und den Respekt für die Mitkonkurrenten-Mitkooperateure beinhaltet. Hier wird in einem anderen Bereich, nämlich der Wirtschaftsgeografie und -soziologie gezeigt, dass der eigene Betrieb in ein Geflecht aus sozialen und wirtschaftlichen Beziehungen eingebunden ist, so wie es der Symbolische Interaktionismus und die feministische Theorie für das Individuum beschreiben – und dass der eigene Erfolg auf die Zusammenarbeit mit anderen Betrieben angewiesen ist. Eine große Herausforderung besteht darin, derartige Cluster für die Entwicklung von „Mittleren Technologien" im Sinne von E.F. Schumachers zu gründen. Es gilt also Neues ausprobieren, zu experimentieren und voneinander zu lernen. Die globale Entwicklung würde mit Hilfe dieser technischen und auch sozialen Innovationen dadurch vorangebracht, dass an vielen Orten eine stärker selbstbestimmt, endogene Entwicklung ermöglicht würde.

Im Grunde geht es somit um eines:
Neuorientierung der Wirtschaft vom <u>Wachsen oder Weichen</u> zum <u>kleiner und mehr werden</u>.
Es steht also nicht mehr im Fokus, dass die Großen immer größer werden und die Kleinen verdrängen und vernichten, sondern dass es wieder viel mehr kleine Betriebe gibt. So wird es auch möglich, dass die bestehenden globalen Wirtschaftsstrukturen mit den lokalen regionalen Strukturen zusammenarbeiten. Diese Erkenntnis muss von der Lobby verstanden werden, ansonsten ist es sinnlos, überhaupt anzufangen. Anhand der

folgenden eigenen Darstellung möchte ich grob aufzeigen, wie das funktionieren könnte.

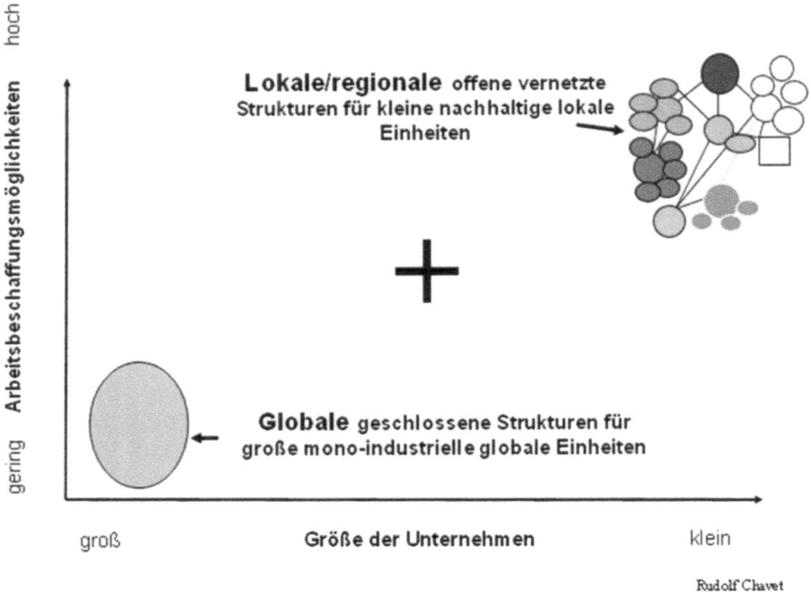

7.7. Die 1% Strategie – Klein anfangen und gemeinsam wachsen.

Wie bereits erwähnt, muss man beim Aufbau der Solidarwirtschaft sehr langsam vorgehen.

Ich denke, dass ein Marktanteil von 1 % schon ausreicht, um dieses Ziel zu erreichen, und dass man damit beginnen sollte, strategische Konzepte zu entwickeln.

Es ist, als würde man einen Baumsetzling in eine wuchernde Umgebung pflanzen, wo er ständig geschützt und gepflegt werden muss, damit er wachsen kann.

Seit ich am 26.9.2005 meinen ersten Vortrag über die Gründung einer Genossenschaft im Bereich der regionalen Lebensmittelwirtschaft gehalten habe, betone ich immer wieder, dass 1% Marktanteil ein so großes Volumen ist, dass man dafür schon eine eigene Struktur braucht. Ich betonte auch immer wieder, dass es mindestens 5 bis 10 Jahre dauern würde, bis man 1% Marktanteil erreicht hätte.

Diese Methode mit einem klaren quantitativen Ziel könnte meiner Meinung nach für den Aufbau der Solidarwirtschaft hilfreich, handhabbar und motivierend sein.

Es geht also darum, mit der Solidarwirtschaft in kleinem Maßstab zu beginnen und sie dann durch kontinuierliches Wachstum gemeinsam mit allen Partnern weiterzuentwickeln.
Es geht vor allem darum, den Weg der kleinen Schritte beharrlich zu gehen.

Die 1%-Methode ist inzwischen weit verbreitet, nicht zuletzt durch das Buch: Die 1%-Methode, minimale Veränderung, maximale Wirkung, von James Clear, Goldman Verlag, München, 2020.

7.8. Solidarität, Kooperation und Gemeinwohl.

Gesellschaften haben sich nur entwickeln können, indem die Menschen kooperierten, denn nur durch ein kooperatives Miteinander konnte die Menschheit sich entwickeln.
Der heute herrschende Individualismus mit seinen zerstörerischen Konkurrenzdenken hat dazu geführt, dass alle Menschen gegeneinander und immer im Wettbewerb miteinander leben und alle gemeinsam gegen die Natur bzw. die Schöpfung arbeiten.
Rutger Bregman (2016, S.266) beschreibt in seinem Buch *Utopien für Realisten*:

> *Eine Studie nach der anderen zeigt, dass die große Mehrheit der Menschen in den reichen Ländern besorgt, ist über Materialismus, Individualismus und die raue Kultur der Gegenwart. In den USA stellte sich in einer landesweiten Umfrage heraus, dass sich die meisten Amerikaner eine Gesellschaft wünschten, die sich "von Gier und Maßlosigkeit abkehrt und einen Lebensstyl wählt, in dem Wertevorstellungen, Gemeinschaft und Familie eine größere Rolle spielen". Zitiert in: Kate Pickett und Richard Wilkinson, Gleichheit ist Glück: Warum gerechte Gesellschaften für alle besser sind (Berlin 2012), S.18*

7.9. Entwicklung eines Wir-Gefühls.

Claus Leggewie & Harald Welzer (2010, S233) schreiben in ihrem Buch *Das Ende der Welt, wie wir sie kannten*:

> *Wir haben darauf hingewiesen, dass die große Transformation, die notwendig ist, globale Kooperation erfordert, dass die probate Kooperationseinheit mit menschlichem Maß aber eher in der kleinräumigen Vergesellschaftung liegen dürfte, von der aus Solidarität über die Grenzen hinaus geleistet werden kann. Daraus entstehen Wir-Gefühle.*

Dies setzt allerdings ein völlig anderes Verhältnis zwischen allen Beteiligten voraus. Wichtig ist, dass sich alle Beteiligten vom Prinzip „Wettbewerb" verabschieden und sich dem Prinzip „Solidarität" zuwenden. Wie bereits

geschrieben, geht es um die Balance zwischen ICH und WIR, zwischen Konkurrenz und Kooperation.
Vor diesem Hintergrund erhalten Kooperationsstrategien eine zentrale Bedeutung. Entscheidend wird sein, dass die Verantwortlichen in der Gesellschaft Strukturen schaffen, in denen all jene eine Chance bekommen, die heute in die Passivität gedrängt werden. Nur mit einer starken Kooperations- und Solidaritätsstrategie, in der alle Menschen eine Chance bekommen, kann die Gesellschaft, die vor ihr liegenden Probleme bewältigen. Dabei sollten die Verantwortlichen der Gesellschaft gemeinsam mit Theoretikern und Praktikern konkrete Konzepte entwickeln, die für die gesamte Bevölkerung von Nutzen sein können.

7.10. Ende der Konsum- und Wegwerfgesellschaft

Nach Jahren der Diskussion über die Verschwendung von Ressourcen aller Art geht es nun darum, die Theorie in die Praxis umzusetzen. Ziel ist es, Ressourcen zu bewirtschaften und nicht zu verbrauchen oder zu verschwenden, unsere Anstrengungen zu fokussieren und uns nicht einfach treiben zu lassen.

Nachhaltigkeit ist sehr schwierig, weil unsere Konsumwirtschaft auf einer unendlichen Verschwendung von Ressourcen basiert.

Ich vermute jedoch, dass dieses Prinzip in Zukunft überholt sein wird und es auf allen Ebenen wieder darum gehen wird, Ressourcen zu managen und nicht zu verbrauchen oder zu verschwenden.

7.11. Schlussfolgerung

In Zukunft wird es nur noch möglich sein, die bestehenden Probleme solidarisch und gemeinsam zu lösen. Die dabei hinderliche Individualisierung kann nur durch Engagement, Teamgeist, Solidarität und Partnerschaft überwunden werden. Nur so kann die Eigenverantwortung des Einzelnen gestärkt werden.

In Zukunft wird es vor allem darauf ankommen:

- Engagement und Kooperation.
- Weniger Wettbewerb und mehr Kooperation.
- Jeder wird für sich selbst eine Entscheidung treffen müssen. Qualität wird dabei zunehmend als Ergebnis einer positiven Einstellung zur eigenen Arbeit gesehen.
- Die Entscheidung, wohin die Reise geht, muss von Politik, Wirtschaft und den angeschlossenen Behörden getroffen werden, denn jeder ist nur ein Teil des Ganzen.

- All dies ist sehr schwierig, aber jeder kann bei sich anfangen. Dies bedingt allerdings Abschied vom Individualismus zu nehmen und kooperative Lebensbedingungen zu schaffen.

Kapitel 8 Solidarwirtschaft in der Praxis

Nachdem die Theorie nun dargelegt wurde, ist es an der Zeit, darüber nachzudenken, wie die Solidarwirtschaft in die Praxis umgesetzt werden kann. Dazu sollten die Verantwortlichen in der Gesellschaft gemeinsam mit Theoretikern und Praktikern konkrete Konzepte entwickeln.
Da die Lebensmittelwirtschaft, einschließlich der Landwirtschaft, die Primärwirtschaft jeder Gesellschaft ist und Einfluss auf andere Wirtschaftsbereiche wie Einzelhandel, Gastronomie, Tourismus, Kultur, Energie, Bildung und Gesundheit hat, halte ich es für sinnvoll, beim Aufbau der Solidawirtschaft mit diesem Bereich zu beginnen.

Dabei muss meines Erachtens die Ernährungswirtschaft einschließlich der Landwirtschaft als Ganzes betrachtet werden. Dies auch deshalb, weil sich im Zusammenhang mit dem globalen Strukturwandel der Wirtschaft auch für die Landwirtschaft neue Chancen und Perspektiven ergeben und damit Veränderungen notwendig werden. Dabei wird es vor allem darauf ankommen, wie die Landwirtschaft die Versorgung der Bevölkerung mit Nahrungsmitteln selbst in die Hand nimmt. So kann die Landwirtschaft wieder zu einem ernst genommenen lokalen und regionalen Wirtschaftsfaktor werden. Dies muss aber in Kooperation mit den bestehenden Strukturen und nicht in Konfrontation geschehen.

8.1. Bedarfsanalyse

In diesem Zusammenhang wurden in den letzten Jahren zahlreiche Bedarfs- und Marktanalysen durchgeführt, von denen ich hier einige aus Belgien erwähnen möchte:

- *Que cherche le consommateur bio?* de Bioforum du 27 février 2013 Etude sur les dispositifs alimentaires locaux, Rapport finale du Cabinet du Ministre Nollet, 24.6.2011
- *La demande des consommateurs*, Marc, Vandercammen, CRIOC, décembre 2010
- *Le soutient aux circuits courts*, L'expérience du GAL de l'Entre Sambre et Meuse, Emeline Sauvage, 2010
- *Circuits courts*, (98 pages) CRIOC avec le soutien de la Région Wallonne, juin 2011
- *Typologie – Circuits courts* (19 pages) CRIOC avec le soutien de la Région Wallonne, juin 2011

8.2. Situationsanalyse unseres Ernährungssystems

Der folgende Auszug aus dem Buch *EARTH for ALL, ein Survivalguide für unseren Planeten*, Club of Rom, 2022, beschreibt die Thematik der Ernährungswende sehr gut.

Seite 143: Kapitel 6. Die Ernährungskehrtwende: Ein gesundes Ernährungssystem für Mensch und Planet.

> *Die vergangenen fünfzig Jahre haben wir eine erstaunliche Kehrtwende in der Nahrungsmittelsicherheit gesehen. Seit den 1970er-Jahren ist die Zahl der Menschen, die an Hunger sterben, deutlich zurückgegangen, obwohl sich die Weltbevölkerung verdoppelt hat. Sicherlich gibt es noch viel zu viele Leidtragende und Tote, und viel zu viele kennen auch weiterhin keine Ernährungssicherheit, doch es lässt sich nicht leugnen, dass wir einen stetigen Fortschritt erleben. Dieser Fortschritt hat jedoch seinen Preis. Die Art, wie wir Landwirtschaft betreiben und Lebensmittel transportieren und verbrauchen, belastet die planetaren Grenzen mehr als alles andere. Der Agrarsektor ist einer der größten Verursacher von Treibhausgasemissionen. Außerdem ist er die wichtigste Ursache für Entwaldung und den Verlust von Biodiversität und der bei Weitem größte Verbraucher von Süßwasser. Hinzu kommt ein Übermaß an Düngemitteln, die in die Luft, in Flüsse und Seen und ins Meer gelangen, riesige Totzonen erzeugen und die globale Erwärmung noch mehr vorantreiben. Der Agrarsektor ist kein Gewinn für unseren Planeten. Für die Menschen allerdings auch nicht. Wir haben uns zunehmend von der lokalen Produktion für den lokalen Konsum entfernt und unsere Abhängigkeit von einigen wenigen großen nahrungsmittelproduzierenden Ländern erhöht.*
> *Im weiteren Verlauf des Kapitels werden 6 Lösungsvorschläge für die Ernährungskehrtwende beschrieben.*

Auch ein Blick ins Internet, z.B. auf die Homepage der Bundeszentrale für politische Bildung (www.bpb.de) genügt, um sich ein Bild von der aktuellen Situation der Land- und Ernährungswirtschaft zu machen.
Klimawandel, extreme Wetterereignisse, veränderte Ernährungsgewohnheiten und ein rasantes Bevölkerungswachstum machen eine Auseinandersetzung mit unserem Ernährungssystem unumgänglich.
Dabei stellen sich viele Fragen wie:

- Wie wird unsere Landwirtschaft in Zukunft aussehen?
- Wie können Umwelt- und Klimaziele mit wirtschaftlichen und sozialen Zielen in Einklang gebracht werden?
- Wie kann eine artgerechte Tierhaltung umgesetzt werden?

- Wie sollen die Fördermittel der Gemeinsamen Agrarpolitik der EU künftig eingesetzt werden?

Die Frage, ob die heute existierende Agrarwirtschaft die richtige ist bzw. die Entwicklung richtig war, stellt sich immer mehr. Bezugnehmend auf den Weltagrarbericht aus dem Jahr 2008 kann man dies mittlerweile bezweifeln.

Die wichtigsten Ergebnisse des Weltagrarberichtes hat Joachim von Braun, Leiter des International Food Police Research Institut (IFPRI) in Washington, im Artikel *Brot allein macht nicht satt* aus der Zeitschrift „Die Zeit" vom 7. Januar 2010 zusammengefasst:

- 2,6 Milliarden, 40% der Weltbevölkerung leben hauptsächlich von der Landwirtschaft.
- Die 400 bis 500 Millionen Kleinbauern sind das Rückgrat unserer weltweiten Nahrungsmittelproduktion.
- 85% der weltweiten Bauernhöfe sind kleiner als zwei Hektar groß.
- Bauern gehören zu den weltweit am meisten unterschätzten Innovatoren.
- Gut kooperierende, gut informierte Kleinbauern können ihre Produktivität genauso schnell steigern wie große Unternehmen.

Eine Zusammenfassung des Weltagrarberichts finden Sie unter angegebenem Link.[16]

Hier ein kurzer Einblick in diesen Weltagrarbericht:

> *Der Weltagrarbericht räumt mit dem Mythos der Überlegenheit industrieller Landwirtschaft aus volkswirtschaftlicher, sozialer und ökologischer Sicht gründlich und ehrlich auf. Als neues Paradigma der Landwirtschaft des 21. Jahrhunderts formuliert er stattdessen: Kleinbäuerliche Strukturen vor allem in Asien, Afrika und Lateinamerika sind die wichtigsten Garanten und die größte Hoffnung einer sozial, wirtschaftlich und ökologisch nachhaltigen Lebensmittelversorgung von künftig 9 Milliarden Menschen und die beste Grundlage hinlänglich widerstandsfähiger Anbau- und Verteilungssysteme. Dabei ist er weit davon entfernt, die real existierende kleinbäuerliche und traditionelle Landwirtschaft romantisch zu verklären oder gar eine Rückkehr zu vorindustriellen Zuständen zu fordern. Deutlich und detailliert beschreibt er ihre oft unzureichende Produktivität und Effizienz. Gesundheits- und umweltschädliche Praktiken und der Mangel an traditionellem wie modernem Wissen tragen zum Elend vieler Kleinbauern und Subsistenz-Familien bei. Viele*

[16] http://www.weltagrarbericht.de/fileadmin/files/weltagrarbericht/Wege_aus_der_Hungerkrise_2.4MB.pdf letzter Aufruf 2.4.2024

überkommene Bewirtschaftungsformen bieten keine nachhaltige Perspektive mehr.

Ernährungseffizienz statt Mehrwertsteigerung
Gerade deshalb hält der Weltagrarbericht Investitionen in die kleinbäuerliche Produktion für das dringendste, sicherste und vielversprechendste Mittel, Hunger zu bekämpfen und zugleich die ökologischen Auswirkungen der Landwirtschaft zu minimieren. Verbesserte Anbaumethoden, meist einfache Technologien und Kenntnisse, geeigneteres Saatgut und eine Vielzahl von agrarökologischen Strategien bergen ein gewaltiges Produktivitäts- und Nachhaltigkeitspotential. Sie stellen dabei am ehesten sicher, dass zusätzlich produzierte Lebensmittel tatsächlich da zur Verfügung stehen, wo sie gebraucht werden.

Auf der Basis dieses Agrarberichtes könnte die Ernährungswirtschaft – Primärwirtschaft JEDER Gesellschaft – der ideale Wirtschaftsbereich sein, von dem aus alternative, nachhaltige Wirtschaftssysteme, wie z.B. die Solidarwirtschaft, aufgebaut werden könnten.

Die Ergebnisse des Weltagrarberichtes machen deutlich, dass auch HEUTE noch die kleinbäuerliche Landwirtschaft weltweit die Hauptlast der Nahrungsmittelversorgung trägt. Dies sollte zumindest teilweise auch in den westlichen Industrieländern wieder möglich sein, wo die klein- und mittelbäuerliche Landwirtschaft in den letzten 50 Jahren zerstört wurde.

Mich persönlich wundert es sehr, dass dieser Agrarbericht bis heute nicht zu einem Grundsatzdokument für den Aufbau einer nachhaltigen solidarischen Landwirtschaft in den Industrieländern geworden ist. Das heißt nicht zurück zum Schrebergarten, sondern zurück zur Stärkung der Klein- und Nebenerwerbslandwirtschaft.

Problem der Landwirtschaft

Meine persönliche Einschätzung des Problems und der Lösung des Problems in der Landwirtschaft ist folgende:
Das Problem der Landwirtschaft ist die Trennung von Produktion, Verarbeitung und Vermarktung, bei der immer weniger Gewinn bzw. Wertschöpfung beim Erzeuger ankommt. Darüber wird viel diskutiert, aber kaum an Lösungskonzepten gearbeitet. Da aber die Landwirte immer mehr zu Verlierern in diesem Prozess werden, ist es notwendig, Lösungskonzepte und Alternativen zu suchen und zu entwickeln.
Eine von vielen Lösungen besteht darin, dass die Landwirtschaft im Zuge des globalen wirtschaftlichen Strukturwandels wieder an der Wertschöpfung teilnimmt und sich Handlungsspielräume zurückerobert. Das ist die

Chance, die sich der Landwirtschaft derzeit bietet und die sie nutzen sollte. Das will eigentlich auch der Verbraucher. Er will wissen, wie, wo und von wem seine Lebensmittel erzeugt werden. Dies zeigen auch die hier oben erwähnten Marktanalysen. Solange die Landwirte nicht bereit sind, diese Aufgabe zu übernehmen, wird es keine breite Solidarität zwischen Landwirten und Verbrauchern geben und der Verbraucher wird weiterhin seine Lebensmittel im Supermarkt kaufen. Die Lösung ist durchaus wirtschaftlich – wie aktuelle Zahlen belegen – setzt aber die Solidarität der Landwirte untereinander voraus. Dazu müsste die Strategie des Wachsens oder Weichen durch eine Strategie des Leben und leben lassen ersetzt werden. Der gnadenlose Vernichtungswettbewerb in der Landwirtschaft muss beendet werden.

Das Ziel soll also sein, die Lebensmittelversorgung wieder zu einem gesellschaftspolitischen Thema zu machen. Es darf nicht hingenommen werden, dass die Landwirtschaft als Grundlage jeder Gesellschaft in Europa in jeder Hinsicht und auch als Wirtschaftsfaktor an Bedeutung verliert. In Belgien ist die Landwirtschaft inzwischen zu einer Restgröße geworden, die gerade noch 0,6 Prozent des BIP ausmacht[17]. Die Landwirtschaft, für die sich leider kaum noch jemand interessiert, wird immer mehr sich selbst überlassen. Daher müssen umsetzbare Strategien und Konzepte zur Umsetzung der Strategien entwickelt werden.

Prinzipien für eine neue Ernährungswirtschaft.

Als Prinzipien möchte ich mich nochmals auf das Buch: *EARTH for ALL, ein Survivalguide für unseren Planeten*, Club of Rom, 2022, S. 150, beziehen.

> *Die sechs Prinzipien für eine neue Epoche der Nahrungsmittelproduktion sind: Zuallererst dürfen die Nahrungsmittelsysteme nicht weiter auf der Makroebene ausgeweitet werden. Wir müssen mit weniger auskommen. Zweitens müssen die Landwirtschaftsbetriebe innerhalb des nächsten Jahrzehnts zu Kohlenstoffsenkern werden, statt in großem Maßstab CO2 zu erzeugen. Drittens sollten sich die Landwirtschaftsbetriebe der reichen Vielfalt des Lebens verpflichtet fühlen. Und da die Zukunft der Menschheit vom Zustand unserer Böden abhängt, müssen wir, viertens, deren Funktionsfähigkeit wiederherstellen. Fünftens sollten wir die Resilienz unserer Meere und Süßwasser quellen stärken, und sechstens müssen wir mehr lokal Produzieren.*

[17]https://www.destatis.de/DE/Themen/Laender-Regionen/Internationales/Thema/Tabellen/Basistabelle_LWWertschoepfung.html letzter Aufruf 16.8.2024

Schlussfolgerung – Konsequenz

Der Hauptgrund für diese Entwicklung ist meines Erachtens, dass unser gleichgeschaltetes und standardisiertes Gesellschafts- und Wirtschaftssystem die Menschen dazu zwingt, ihr Verhalten den Trends und Wünschen der Werbung anzupassen. Nur so kann unsere Konsumgesellschaft mit ihrem auf Massenproduktion ausgerichteten Wirtschaftssystem funktionieren. Dies gilt insbesondere für die Ernährungswirtschaft und führt zwangsläufig dazu, dass die klein- und mittelbäuerliche Landwirtschaft auf der Strecke bleibt. Diese Entwicklung begann vor 60 Jahren in den Randgebieten der Städte und breitete sich nach und nach auf die Dörfer aus. Durch diese Entwicklung hat sich die Ernährungswirtschaft in den westlichen Industrieländern so globalisiert, dass man versuchen muss, diese Situation zumindest teilweise umzukehren und wieder näher an den Verbraucher zu bringen. So können auch erneut lokale Arbeitsplätze entstehen und Leben in die Kleinstädte und Dörfer zurückkehren.

Der Kerngedanke ist, dass die westlichen Industriestaaten unbedingt aufhören müssen, ihre die lokalen/regionalen Wirtschaftsstrukturen zerstörenden Strategien weiter in die Welt zu exportieren. . Wir sollten auch innerhalb der EU nicht die verbliebenen Strukturen zerstören, wie z.B. in Rumänien, wo es noch zwei Millionen Kleinbauern gibt [18]. Im Gegenteil, die EU sollte diese Strukturen pflegen und optimieren. Die Verantwortlichen in der EU sollten sich diese Strukturen anschauen und sie in der gesamten EU wieder möglich machen.

Es gilt also wieder lokale/regionale Strukturen im Bereich der Ernährungswirtschaft in unserer Gesellschaft zuzulassen und aufzubauen, die den Bedürfnissen der Menschen entsprechen und nicht nur unter dem Diktat der globalen Wirtschaft stehen.

Ausgehend von den oben beschriebenen sechs Prinzipien und dem Fazit möchte ich nun unser Praxisprojekt im Bereich der Lebensmittelnahversorgung beschreiben.

[18] https://www.google.com/search?q=Anzahl+Bauern+in+Rum%C3%A4nien letzter Aufruf 16.8.2024

Kapitel 9: Praxisbeispiel

Ideen zum Wiederaufbau der Lebensmittelnahversorgung gibt es viele. Nachdem ich mich nun seit über 25 Jahren mit dieser Thematik beschäftige, muss ich leider feststellen, dass es immer noch keine in der Praxis erprobten Konzepte gibt.
Gegenwärtig besteht die Lebensmittelnahversorgung hauptsächlich in der Selbstversorgung. Eine andere Möglichkeit wäre, wenn sich mehrere Parteien einen Hof kaufen oder pachten, um sich im Rahmen dieses Hofes selbst zu versorgen, ohne sich auf dem Markt positionieren zu müssen.

All dies erfordert viel Engagement und viele Start-ups um 1% Marktanteil zu erreichen. Wenn man sich im Internet umschaut, findet man viel zu diesem Überthema, aber wenig darüber, wie man z.B. ein Start-up im Bereich der Solidarwirtschaft oder anderer alternativer Wirtschaftsformen gründen kann. So habe ich nach langjähriger Beschäftigung mit alternativen Wirtschaftssystemen und Arbeitsorganisationen 1999 mit meiner Familie begonnen, ein praxisorientiertes Konzept im Bereich der Lebensmittelnahversorgung zu entwickeln.
In diesem Kapitel möchte ich nun unsere bisherige Arbeit rund um die Umsetzung in die Praxis beschreiben. Es beginnt mit der Entwicklung und Erprobung eines Pilotprojektes.

9.1. Leitmotiv

Als Leitmotiv, das meine Familie und mich 1998 motivierte, uns im Bereich der alternativen Landwirtschaft zu engagieren, möchte ich Franz Alt zitieren, der in seinem Buch *Agrarwende jetzt* auf Seite 85 im Jahr 2001 folgendes schreibt:

> *Ökologisches Wirtschaften muss das ökonomische Zentralprinzip der gesamten Wirtschaft werden – ohne dieses neue Zentralprinzip in der ökonomischen Praxis bleibt alles Gerede von Nachhaltigkeit nur Blabla. „Der Schlüsselbegriff ist Dezentralität", sagt Hermann Scheer, Präsident von Eurosolar. Und am Beginn einer dezentralen Wirtschaft steht wieder der primäre Sektor - die Landwirtschaft.*
> *Sie ist keine ökonomische Restgröße mehr, wie die letzten vierzig Jahre, sondern unersetzbare Basiswirtschaft. Die Landwirtschaft von morgen wird erneuerbare Nahrungs-, Energie- und Rohstoffwirtschaft in regionalisierten, dezentralen Strukturen.*

Vor diesem Hintergrund stellen sich viele Fragen, z.B.: Wie können Produkte aus nachhaltiger Landwirtschaft und lokal handwerklich hergestellte Lebensmittel auf dem Markt positioniert und rentabel gemacht werden?

Wir haben uns die Aufgabe gesetzt, herauszufinden, wie dies möglich wäre, und uns sofort an die Arbeit gemacht.

Wir gingen allerdings davon aus, dass es bereits Forschungsprojekte im Bereich der Agrarwende gibt und wir eventuell mit diesen zusammenarbeiten könnten. Leider mussten wir schnell erfahren, dass es damals wie heute keine Forschung in diesem Bereich gibt. Auch ein Lehrstuhl ist mir bis heute nicht bekannt. Somit werden auch keine Pilotprojekte entwickelt, um die Ideen in die Praxis umzusetzen. Ebenso die Nachhaltigkeitsforschung zeigt kein Interesse, gemeinsam mit den Akteuren an der Basis Projekte zu entwickeln. Es gibt auch kein Interesse, sich die Konzepte der Praxisakteure überhaupt anzuschauen. Wenn ich auch an die vielen Talkshows denke, dann habe ich den Eindruck, dass der Standpunkt eher folgender ist: Was wollen die Basisakteure, wie z.B. die Bauern, schon erzählen?

Manchmal habe ich den Eindruck, dass die gesamte Nachhaltigkeitsforschung davon ausgegangen ist, dass sich Veränderungen oder Anpassungen von selbst ergeben: z.B. wird die Umweltbelastung schon irgendwie zurückgehen. Diese Handlungsweise kann ich nicht nachvollziehen und lässt sich nur damit erklären, dass die Lobby der Lebensmittelindustrie alles dafür getan hat und tut, dass keine Alternativen entwickelt werden können. Schließlich wird die Forschung ebenso von der Industrie finanziert.
Es ist daher dringend notwendig, in Zusammenarbeit mit den Universitäten und der Politik, den Wirtschaftsverbänden und anderen Partnern konkrete Pilotprojekte zu initiieren und mit den Akteuren an der Basis umzusetzen.

9.2. Hintergrundinformationen

Das Motto „Aus der Region – für die Region“ von Franz Alt (2001, S.30) aus seinem Buch *Agrarwende jetzt,* haben uns – meine Familie und mich – motiviert, uns an der Agrarwende zu beteiligen. Dies auch, da meine Frau und ich beide aus bäuerlichen Familien stammen und klar nachvollziehen können, wie sich die Landwirtschaft seit den 1960er Jahren weg vom Verbraucher entwickelt hat.
Somit bestand unsere Idee darin, die Landwirtschaft wieder näher an den Verbraucher zu bringen – vor allem mit dem Hintergrund, dass die Menschen immer mehr wissen wollen, WO und WIE ihre Lebensmittel produziert werden und WER sie produziert hat. Es geht auch darum, angesichts des Klimawandels – auf den ich hier nicht näher eingehen möchte – darüber nachzudenken, wie die Landwirtschaft von morgen aussehen könnte. Meiner Meinung nach auch deshalb, weil die Ernährungswirtschaft neben der Energiewirtschaft der einzige primäre Wirtschaftssektor ist, in dem in

Zukunft Arbeitsplätze geschaffen werden können. Auf dieser Basis könnte unser Konzept ein Praxisbeispiel für den Aufbau einer Solidarwirtschaft werden, anhand dessen die notwendigen Rahmenbedingungen definiert werden könnten.

Auslöser für diese Idee war auch die Lebensmittelkrisen, wie die Dioxinkrise und die BSE-Krise Ende der 1990er Jahre. Unser Projekt baut also auf den Erkenntnissen dieser Jahre auf, als man begann, darüber nachzudenken, die Lebensmittelproduktion wieder näher an den Verbraucher zu bringen und mit dem Verbraucher zu verknüpfen.

Im Kern geht es darum, die Landwirtschaft in Verbindung mit der gesamten Ernährungswirtschaft so nah wie möglich an den Verbraucher heranzuführen, wie dies in den Industrieländern bis in die 1960er Jahre hinein der Fall war und in vielen Ländern auch heute noch ist. Damals war die Landwirtschaft mit ihren bäuerlichen Selbstversorgungsstrukturen fester Bestandteil eines jeden Dorfes und machte praktisch jedes Dorf autonom und unabhängig. Durch den Verkauf der Überschüsse wurden die Städte versorgt, und so floss Fremdkapital in die Dörfer.

Diese Strukturen als Primärwirtschaft jeder Gemeinschaft gibt es heute in den Industrieländern nicht mehr. Sie wurden seit den 1960er Jahren von der industriellen Agrarwirtschaft so weit verdrängt, dass sie heute kaum noch eine Rolle spielen. Waren es früher die Bauern, die die Versorgung mit Nahrungsmitteln sicherstellten, so sind es heute riesige, global agierende Konzerne.
Damit hat sich die Landwirtschaft auch völlig von der Gemeinschaft abgekoppelt sowie entfremdet, und damit auch ihre lokale/regionale Identität verloren. War sie früher, bis in die 1950er Jahre, selbstbestimmt, so ist sie heute völlig fremdbestimmt. Die Globalisierung hat das Ruder übernommen, wie sie es in vielen anderen Wirtschaftsbereichen auch getan hat. Besser und drastischer als mit der folgenden Grafik kann die rasante Entwicklung seit den 1960er Jahren wohl kaum dargestellt und beschrieben werden:

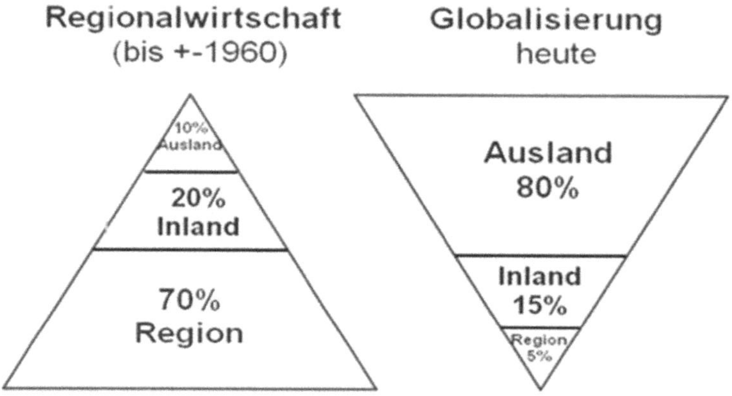

Quelle: Reinhard Stransfeld, Verein Deutscher Ingenieure (VDI)

Ohne auch nur im Entferntesten daran zu denken, dass daraus ein allgemeingültiges und übertragbares Konzept entstehen könnte, begann ich 1998 mit meiner Familie einen Selbstversorgerhof aufzubauen. Ziel dabei war auch, den 1987 aufgegebenen Hof meiner Schwiegereltern teilweise zu reaktivieren. Obwohl wir damals kaum wussten, wie das Unterfangen funktionieren könnte, haben wir einfach angefangen.
Zuerst ging es nur darum, eine Alternative und ein zweites Standbein für die Kleinbauern zu entwickeln. Nach und nach stand die Konzeptentwicklung im Vordergrund, von dem alle Akteure im Bereich der Nahversorgung mit Lebensmitteln profitieren können. So begannen wir im Jahr 2001 darüber nachzudenken, wie die globale Lebensmittelwirtschaft teilweise wieder auf eine Lebensmittelnahversorgung umgestellt werden könnte. Wir experimentierten im Rahmen unseres kleinen Betriebes und stellten sehr schnell fest, dass es funktionieren kann, wenn die notwendigen Rahmenbedingungen geschaffen werden.
Also begannen wir, ein Konzept zu entwickeln und einen Prototyp zu bauen, um die technische, praktische, wirtschaftliche, hygienische und politische Machbarkeit des Konzepts zu testen. Unser Konzept hat somit auch das Ziel ein Lösungskonzept bzw. eine Alternative zu entwickeln, damit kleine und mittlere Landwirte eine Überlebenschance haben und neue Möglichkeiten für Betriebsgründungen entstehen können. Der Fokus liegt dabei weiterhin auf der Landwirtschaft und der Lebensmittelproduktion insgesamt.

Eigene Erfahrungen

Ich selbst habe bis zu meinem 21. Lebensjahr in einem kleinen Dorf in der belgischen Eifel gelebt und kann mich noch sehr gut an die kleinbäuerliche Organisation und Struktur des Dorfes erinnern. Von den ca. 100 Haushalten hatten bis auf den Pfarrer, den Lehrer und den Schneider alle Kühe und andere Nutztiere, wodurch alles wie ein geschlossenes Kreislaufwirtschaftssystem vonstattenging, in dem die gesamte Dorfgemeinschaft als gemeinschaftliches Wirtschaftssystem funktionierte. Fast alle notwendigen Berufe waren im Dorf vertreten und alle waren in irgendeiner Form voneinander abhängig. Was es im eigenen Dorf nicht gab, gab es im Nachbardorf. Jeder lebte fast ausschließlich von seiner händischen Arbeit. Die dörfliche Situation entsprach dem linken Dreieck in der obigen Grafik. Daraus ergab sich gegenseitige Abhängigkeit, aber auch Solidarität, Stabilität und Sicherheit. Meine Frau, die aus dem Nachbardorf stammt, lebte unter den gleichen Bedingungen. Nach dem Besuch der Grundschule arbeitete sie bis zum Alter von 22 Jahren vor allem auf dem Bauernhof ihrer Eltern mit.

Ab Anfang der 1960er Jahre änderte sich die Situation in den Dörfern rapide. Die ersten eher kleinen Höfe gaben die Landwirtschaft auf und die ehemaligen Bauern fanden Arbeit in Handwerksbetrieben oder gingen in die nächstgelegene Fabrik. Meist wurden sie von firmeneigenen Bussen abgeholt und nach Hause gebracht, was für immer mehr Bauern viel angenehmer war als die mühsame Arbeit auf dem Feld und im Stall.
Mit dieser Entwicklung kam auch Geld ins Dorf und so mancher Neid. Der Fabrikarbeiter stand plötzlich in der dörflichen Hierarchie über dem Bauern, denn er hatte Geld und konnte an der sich rasant ausbreitenden Konsumgesellschaft teilhaben. Die Bauern hatten zwar Betriebskapital, aber weder Zeit noch Geld, um an der Konsumgesellschaft teilzunehmen. Es entstand ein Wettbewerb im Dorf, den es zwar schon vorher gab, der aber eher im Verborgenen stattfand, weil man sich immer mit der Dorfgemeinschaft arrangieren musste. Dieser Wettbewerb bekam nun eine neue Dimension und das Prinzip: „Wachsen oder Weichen“ wurde zum Leitprinzip des Dorfes und der gesamten Gesellschaft. So stellten nach und nach fast alle landwirtschaftlichen Betriebe ihre Tätigkeit ein und übrig blieben nur kaum diversifizierte Betriebe.

Aufgrund dieser Erfahrungen und nach mehr als zehn Jahren Konzeptentwicklung auf unserem acht Hektar großen Hof habe ich inzwischen eine gewisse Vorstellung davon, wie wieder eine Lebensmittelnahversorgung aufgebaut werden könnte. Ich glaube auch, das Machbare vom Unmöglichen unterscheiden zu können und stelle immer mehr fest, dass es sehr viel Potential und Chancen für eine diversifizierte, sektorübergreifende Landwirtschaft und Lebensmittelproduktion gibt.

9.3. Konzept des Pilotprojekts

Vor allem geht es darum, Grundnahrungsmittel wie Gemüse, Kartoffeln, Eier, Mehl, Fleisch etc. aus der Region für jedermann erschwinglich auf den Markt zu bringen.

9.3.1. Quantitatives Ziel

Als quantitatives Ziel haben wir festgelegt, 1% Marktanteil des Lebensmittelbedarfs von 100.000 Verbrauchern innerhalb 5 Jahre zu erreichen. Dies schien uns eigentlich als realistisch. Heute wäre das ungefähr 2,3 Millionen Umsatz pro Jahr. Mit diesem Ziel im Blick haben wir den Prototyp konzipiert und aufgebaut.
So einfach wie gedacht, war es dann doch nicht.

9.3.2. Funktionsweise

Das Konzept, das wir im Rahmen unseres Hofes entwickelt haben, ist relativ simple und universell leicht übertragbar. Im Kern geht es darum, die Rohprodukte von mehreren diversifizierten Klein- und Mittelbauern, auch Hobbybauern und Hobbygärtnern, in einem Gemeinschaftszentrum zu sammeln, zu lagern, zu verarbeiten und die Produkte unter einer Marke lokal und möglichst direkt an die Kunden zu vermarkten. Die Gemeinschaftszentren sollten so ausgelegt sein, dass sie 1-2% des Nahrungsmittelbedarfs einer Kleinregion mit z.B. 100.000 Verbrauchern abdecken können.
Sobald 0,5% in einem Gemeinschaftszentrum erreicht sind, sollte das nächste in der Kleinregion errichtet werden. Beide würden dann jeweils 2-4% des Lebensmittelbedarfs von 50.000 Verbrauchern abdecken. Damit wird das Wachsen an einem Ort vermieden und die Nähe zum Verbraucher verringert. Sobald dann 2-4% des Lebensmittelbedarfs einer Kleinregion mit 100.000 Verbrauchern erreicht sind, werden die nächsten Gemeinschaftszentren proportional zur Anzahl der Verbraucher errichtet.
Dabei sollte immer auf vorhandene leerstehende Infrastruktur zurückgegriffen werden. Da es sehr viele Leerstände in Industrie- und Gewerbegebieten gibt, die oft auch in der Nähe von bestehenden landwirtschaftlichen Betrieben liegen, kann nach Möglichkeit auf diese zurückgegriffen werden. Dabei sollte immer die Kooperation mit den benachbarten landwirtschaftlichen Betrieben gesucht werden.
Auch die Vermarktung der Produkte sollte über die ausreichend vorhandenen leerstehenden Verkaufsflächen organisiert werden.

Die Spezialisierung eines Gemeinschaftszentrums auf ein Produkt, wie z.B. Teigwaren, schafft ebenfalls eine Produktvielfalt im Interesse der gesamten Struktur. Außerdem wäre auch die Errichtung eines kleinen Schlachthofs sinnvoll, von dem aus andere Zentren mit Fleisch beliefert werden können. Andere Produkte wären z.B. Gemüse, Kartoffeln, Mehl, Backwaren, Konserven usw., auf die sich ein Zentrum spezialisieren könnte. Durch die Spezialisierung entsteht infolgedessen ein ausreichendes Volumen, sodass in den Zentren Arbeitsplätze geschaffen werden können. Die kleinregionalen Strukturen werden dann auf der Ebene der

Gesamtregion vernetzt. Durch diese Vernetzung mehrerer Gemeinschaftszentren in der Region soll eine regionale Struktur geschaffen werden, um gemeinsam auf dem regionalen Markt auftreten zu können. Anschließend werden die regionalen Strukturen auf nationaler Ebene vernetzt.

Das Konzept ist so angelegt, dass es generell auf die meisten Regionen der Industrieländer übertragbar ist. Als Region wird eine Einwohnerzahl von mindestens einer Million angenommen. Damit ist auch eine ausreichende Anzahl kleinerer Regionen vorhanden, die dann auf regionaler Ebene vernetzt werden.
Aus logistischen, politischen und Marketinggründen sollte meines Erachtens auf bestehende Regionen zurückgegriffen werden.
Die Wallonische Region in Belgien, in der ich lebe, mit vier Millionen Einwohnern stelle ich mir optimal vor. Dort 40 Gemeinschaftszentren aufzubauen und zu vernetzen, wäre dann auch wirtschaftlich und konkurrenzfähig. Nur so kann die notwendige Lobby entstehen, denn ohne die Unterstützung der vorhandenen etablierten regionalen Einflussnehmer und Verbände ist es nicht möglich, Strukturen aufzubauen.

Das Ganze funktioniert schlussendlich auch über genossenschaftlich organisierte Strukturen, wodurch die Konkurrenz zwischen den Gemeindezentren vermieden wird. So kann auch eine gemeinsame Regionalvermarktung aufgebaut werden. Bei einem Lebensmittelbedarf von derzeit um die 2500€ pro Person und Jahr kann sich jeder leicht ausrechnen, wie hoch das Umsatzvolumen ist. Durch Vernetzung und Kooperation mit anderen angrenzenden Wirtschaftsbereichen (z.B. Tourismus, HORECA, Kultur, Einzelhandel, Freizeitangebote, Natur, ...) soll eine Dynamik für eine verbrauchernahe Ernährungswirtschaft entstehen.

Ohne viel über eine Strategie nachgedacht zu haben, begannen wir 2001 mit der Entwicklung eines Konzepts im Bereich der lokalen Lebensmittelwirtschaft, aus dem das hier beschriebene strategische Konzept hervorging.
Wir sind dabei umgekehrt vorgegangen, wie es normalerweise der Fall ist: erst die Theorie, dann die Praxis. Da es aber keine Theorie gab und gibt, war dieses Vorgehen für uns nicht möglich.
Aus diesem Grund haben wir uns auf in der Vergangenheit aufgegebene Funktionsweisen bezogen und diese so weit wie möglich an die heutige Situation angepasst.
Da der Lebensmittelsektor, einschließlich der Landwirtschaft, der primäre Wirtschaftssektor jeder Gemeinschaft ist, eignet er sich auch ideal für den Aufbau der Solidarwirtschaft und die Entwicklung von Strategien.

Es geht also darum, die Landwirtschaft zu überdenken und zu überlegen, wie sie wieder mit der Verarbeitung und Vermarktung ihrer Produkte verbunden werden kann.

Es soll jedoch nicht der Zustand der 60er Jahre wiederhergestellt, sondern überlegt werden, wie in den westlichen Industriestaaten wieder eine nachhaltige, ökologische und an Menschen angepasste Lebensmittelnahversorgung aufgebaut werden könnte. Der zentrale Appell ist, dass die westlichen Industriestaaten unbedingt aufhören müssen, ihre die lokalen/regionalen Wirtschaftsstrukturen zerstörenden Strategien weiter in die Welt zu exportieren.

Im Kern geht es darum:

- Perspektiven für Diversifizierungsmöglichkeiten in der Landwirtschaft zu schaffen,
- eine nachhaltige Landwirtschaft aufzubauen,
- Perspektiven für Menschen zu schaffen, die in der Landwirtschaft und in der handwerklichen Lebensmittelproduktion arbeiten wollen, sowie
- Arbeitsplätze schaffen.

Ich denke, dass unter den heutigen Bedingungen auch die großen Global Player erkennen müssen, dass die lokale/regionale Landwirtschaft wieder eine Chance bekommen sollte. Das ist besonders wichtig, weil das aktuelle Ernährungssystem durch den Klimawandel und das ökologische Bewusstsein langsam unter Druck gerät. Das sollte Grund genug für die Lobbyverbände sein, diesen Wandel zuzulassen und zu unterstützen.
Leider ist der Ökolandbau bisher zu sehr zu einer Ideologie verkommen, die jede Zusammenarbeit im Keim erstickt. Eine Ideologisierung sollte daher unbedingt vermieden werden.

Es gilt nun zu überlegen, wie trotz allem eine Lebensmittelnahversorgung aufgebaut werden könnte. Auch wenn es dabei nur wenige Prozent des gesamten Lebensmittelbedarfs beträfe, gilt es strategische Konzepte zu entwickeln und strukturiert vorzugehen. Dies auch, weil Deutschland 1% Marktanteil mit einem Umsatzvolumen von +- 2,3 Mrd. € [19] ohne ein allgemeingültiges Konzept niemals erreichen werden kann.

[19] *https://de.statista.com.statistik/daten/studie/296809/umfrage/Konsumausgaben in Deutschland für Nahrungsmittel und alkoholfreie Getränke bis 2023 | Statista)* letzter Aufruf 29.6.2024

9.3.3. Herausforderungen

Die Herausforderungen sind somit sehr vielfältig und befinden sich auf mehreren Ebenen, wie z. B.:

- Diversifizierung der Landwirtschaft,
- Verbraucherorientierung,
- ökologische und natürliche Produktion,
- Möglichkeit der Arbeitsbeschaffung,
- Umweltschutz,
- und viele andere.

9.3.4. Chancen

Mit folgenden Chancen:

- kurze Transportwege,
- wenig Verpackung,
- geringe Lager- und Kühlkosten,
- keine Abfälle,
- Flexibilität,
- wenig Bürokratie, wenig Kontrolle,
- interessante Alternative für Kapitalanlage,
- vorhandene Nachfrage der Konsumenten,
- Kreislaufwirtschaftssystem (Mehrwert bleibt im System)
- Kooperation, Vernetzung, Zusammenarbeit,

sollte es möglich sein, sich konkurrenzfähig auf dem regionalen Markt positionieren zu können.

Positive Argumente

Eine positive Entwicklung ist zum Glück schon in Gang, denn Politik und Verbände sind dabei, sich neu zu positionieren.
Als zusätzliches positives Argument erlaube ich mir an dieser Stelle nochmals folgendes Zitat von Joachim von Braun aus dem Artikel *Brot allein macht nicht satt* (Zeitung *Die Zeit* vom 7. Januar 2010) zu zitieren:

- *»Bauern gehören zu den weltweit am meisten unterschätzten Innovatoren«;*
- *»die 400 Millionen Kleinbauern sind das Rückgrat unserer weltweiten Nahrungsmittelproduktion«;*
- *»gut kooperierende, gut informierte Kleinbauern können ihre Produktivität genauso schnell steigern wie große Unternehmen«.*

Das heißt nicht zurück zum Schrebergarten, sondern zurück zur Stärkung der kleinbäuerlichen Landwirtschaft.

In der Zusammenfassung des Weltagrarberichts von 2008, *Wege aus der Hungerkrise - Die Erkenntnisse des Weltagrarberichtes und seine Vorschläge für eine Landwirtschaft von morgen* [20] steht auf S. 10, dass es sogar 525 Millionen Bauern weltweit gibt, von denen die meisten Kleinbauern sind. All diese Kleinbauern haben nur eine Überlebenschance, wenn die weitere Globalisierung der Landwirtschaft gestoppt wird.
An dieser Stelle möchte ich erwähnen, dass weltweit immer noch ein Drittel der Weltbevölkerung in der Landwirtschaft tätig ist, und zwar überwiegend in der kleinbäuerlichen Landwirtschaft. Die Weltpolitik sollte daher aufhören, diese Strukturen zu zerstören, sondern ihr Wissen der ganzen Welt zur Verfügung stellen, damit die kleinbäuerliche Landwirtschaft effizienter, und nicht durch eine Agrarindustrie unterbunden wird.

Folgendes Zitat:

> *Die schrittweise, unverbissene Rückeroberung der persönlichen Ernährungs-Souveränität von Lebensmittelkonzernen, Werbung, Ernährungswissenschaftlern, Zutatenlisten, Hetze und Preisknüllern gehört zu den effektivsten und angenehmsten Schritten auf dem Weg zur Nachhaltigkeit.*

aus dem Weltagrarbericht, S. 41[21], möchte ich an dieser Stelle hinweisen.

Vor dem Hintergrund dieser klaren Positionierungen sollte es den Entscheidungsträgern in Europa leichtfallen, der klein- und mittelbäuerlichen Landwirtschaft, und damit der Lebensmittelnahversorgung, wieder mehr Aufmerksamkeit zu schenken. Damit sie aber eine Chance hat, braucht sie eine eigene Struktur, die die Lebensmittelproduktion miteinschließt. Eine Struktur, die für die gesamte nachhaltige Ernährungswirtschaft aufgebaut werden muss, in der die Landwirtschaft eine zentrale Rolle spielen kann.
Nur so kann die Landwirtschaft auch als Wertschöpfer und Arbeitsplatzbeschaffer in Zukunft in Europa an Bedeutung gewinnen. Daran zu arbeiten, sollte eine Herausforderung für die Verantwortlichen in jeder Region sein und könnte sicherlich auch ein interessantes und spannendes Betätigungsfeld für Regionalpolitiker und Wissenschaftler sowie eine Investitionsmöglichkeit für Geldgeber sein, die nicht unbedingt den großen Profit suchen, sondern ihr Geld in ihrer Region anlegen wollen. Eine PowerPoint-Präsentation und ein Video mit zusätzlichen Informationen über die Funktionsweise unseres Konzepts finden Sie auf der Homepage www.proregio.be.

---

[20] http://www.weltagrarbericht.de/fileadmin/files/weltagrarbericht/Wege_aus_der_Hungerkrise_2.4MB.pdf letzter Aufruf 2.4.2024

[21] http://www.weltagrarbericht.de/fileadmin/files/weltagrarbericht/Wege_aus_der_Hungerkrise_2.4MB.pdf letzter Aufruf 2.4.2024

9.3.5. Aufbau eines Prototyps

Wie alle Konzepte muss auch dieses getestet und validiert werden. Zunächst muss also ein erster funktionsfähiger und reproduzierbarer Prototyp eines Gemeinschaftszentrums erstellt und validiert werden.
Wenn es gelingt, einen wettbewerbsfähigen Prototyp eines hier oben beschriebenen Gemeinschaftszentrums zu schaffen, dann kann dieser Prototyp in einer ganzen Region reproduziert werden. Dabei gilt es folgende Punkte zu beachten:

- Es ist nicht notwendig, dass der Prototyp bereits Gewinne erwirtschaftet.
- Zuerst die Validierung, dann die Reproduktion, dann die Rentabilität.
- Der Prototyp dient vor allem dazu, herauszufinden, welche Rahmenbedingungen notwendig sind, um aktiv werden zu können.
- Erst nach der Validierung und der Schaffung der notwendigen Rahmenbedingungen kann ernsthaft an einem strukturellen Aufbau gearbeitet werden.

9.3.5.1. Validation des Prototyps

Ein Prototyp ist immer ein Entwicklungsprojekt, um zu zeigen, dass die Produktidee oder das Konzept, wie z.B. der Aufbau einer lokalen/regionalen Lebensmittelnahversorgungsstruktur, in der Praxis funktionieren könnte.
Aufgrund meiner 27-jährigen Erfahrung als Produktentwickler in der Forschungs- und Entwicklungsabteilung eines multinationalen Unternehmens hatte ich auch immer mit Produktvalidierung zu tun. Daher war mir auch von Anfang an bewusst, dass zunächst mit großem Aufwand ein Prototyp erstellt werden muss, mit dem dann die Validierung des Konzeptes getestet werden kann. Nur so kann die technische, praktische, wirtschaftliche, hygienische und politische Machbarkeit des Konzeptes getestet werden.
Erst nach erfolgreicher Validierung können die notwendigen Rahmenbedingungen geschaffen werden, um ein marktfähiges Pilotunternehmen aufbauen zu können.
Nach vielen Versuchen, Analysen und Recherchen konnten wir 2015 zumindest die technische, praktische und hygienische Machbarkeit unseres Konzeptes nachweisen. Nach und nach wurde uns jedoch immer klarer, dass es schlichtweg nicht möglich sein würde, die anderen Machbarkeitskriterien zu erfüllen, solange nicht die notwendigen Rahmenbedingungen geschaffen werden. Dennoch ist es entscheidend, dass alle Beteiligten sich aktiv an den Lösungen beteiligen. Andernfalls ist es sinnlos, mit der Lebensmittelnahversorgung anzufangen.

9.4. Problemsituation

Die gesamte Problematik des Aufbaus der Lebensmittelnahversorgung aus der Nische heraus konnte daher erst nach und nach im Zuge der Fertigstellung des Prototyps und nach ersten Validierungstests erfasst werden.
Gleich zu Beginn im Jahr 2008 wurde uns bewusst, dass sich die notwendigen Rahmenbedingungen deutlich von den vorhandenen unterscheiden. Ständig mit diesen Rahmenbedingungen und den damit verbundenen Problemen konfrontiert, haben wir uns nicht davon abhalten lassen, unseren Prototyp weiter auszubauen und zu testen. Nach und nach konnten wir die technische und praktische Machbarkeit bestätigen.
Am 31.01.2017 erhielten wir sogar die Genehmigung der Baupläne für den Bau einer kleinen Großviehschlachterei von der regionalen Hygienebehörde. Somit ist es möglich, eine breite Produktpalette vom Feld bis auf den Teller an einem Ort bzw. in einem Gemeinschaftszentrum aufzubauen. Damit war auch die hygienische Machbarkeit des Konzepts gegeben.

Während dieser langen Zeit wurde uns jedoch immer klarer, dass die Finanzierbarkeit und Marktfähigkeit kaum möglich ist, denn es fehlten Partner, die notwendige politische Unterstützung und die Forschung. Deshalb haben wir unsere Arbeit Anfang 2017 eingestellt. Um mehr über andere Projekte zu erfahren, habe ich in all den Jahren an vielen Konferenzen und Vorträgen teilgenommen. Mittlerweile glaube ich, die meisten Projekte in Belgien, Luxemburg und Deutschland zu kennen und stelle fest, dass es kaum möglich ist, aus der Nische herauszukommen. Ich selbst kenne nur ein Projekt, das es mit einem sehr hohen Finanzbedarf geschafft hat. Dieser hohe Finanzbedarf macht aber eine Reproduktion und Übertragung unmöglich.

Es gibt also noch unendlich viel zu tun und die notwendigen Rahmenbedingungen müssen geschaffen werden, bevor an einer strukturellen Lebensmittelnahversorgung gearbeitet werden kann. Das Schöne an Problemen ist, dass es meist auch Lösungen gibt und die besteht darin die notwendigen Rahmenbedingungen zu schaffen.

9.5. Notwendige Rahmenbedingungen

Die Umsetzung des hier oben beschriebenen Konzeptes hängt von vielen Rahmenbedingungen und Einflussfaktoren ab. Wir selbst haben dies völlig unterschätzt und uns nicht vorgestellt, dass es so viele Einflussnehmer aus Wissenschaft, Wirtschaft, Politik, Medien und letztlich auch die Verbraucher gibt. Auch war uns nicht bewusst, wie komplex und vielschichtig die Rahmenbedingungen für den Aufbau einer Solidarwirtschaft z.B. im Bereich der Lebensmittelnahversorgung sind.

Ob es den Verantwortlichen in Politik, Wirtschaft und Wissenschaft gefällt oder nicht, alternative Wirtschaftssysteme, wie die Solidarwirtschaft im Bereich der Lebensmittelnahversorgung, müssen von unten und an der Basis aufgebaut werden. Noch immer gehen die Verantwortlichen davon aus, dass sich die Wirtschaft von selbst oder durch Zufall entwickeln wird.

Fakt ist, dass es sehr schwer sein wird, die Lebensmittelnahversorgung wieder aufzubauen, und sei es auch nur zu wenigen Prozent. Daher möchte ich nun auf die notwendigen Rahmenbedingungen eingehen und diese benennen, damit auch andere Initiatoren wissen, worauf sie sich einlassen, wenn sie im Bereich der Lebensmittelnahversorgung aktiv werden wollen. Aufgrund der Komplexität und der notwendigen wissenschaftlichen Analyse werde ich diese Rahmenbedingungen nicht im Detail beschreiben – auch, weil es noch viele weitere Rahmenbedingungen zu definieren gilt. Der erste Schritt wird ohnehin sein, das ganze Projekt zu einer wissenschaftlichen Angelegenheit zu machen. Darauf komme ich später noch einmal zurück.

Glücklicherweise sind sich die meisten Akteure, die im Bereich der Lebensmittelnahversorgung tätig sind oder tätig werden wollen, all dessen zunehmend bewusst. Deshalb gibt es kaum noch Projekte, die versuchen, aus der Nische herauszukommen. Vor dem Hintergrund der Erfahrungen der letzten zwanzig Jahre möchte ich im Folgenden die notwendigen Rahmenbedingungen, die sich auf mehreren Ebenen befinden, grob skizzieren.

Wirtschaftliche Ebene

Lobby

Für den Aufbau einer Solidarwirtschaft, z.B. im Bereich der Lebensmittelnahversorgung, bedarf es zunächst einer starken Lobby. Denn nur mit einer Lobby können die notwendigen Rahmenbedingungen geschaffen werden. Nur durch die Lobby kann auch das notwendige Vertrauen aller Akteure – Investoren, Konsumenten, Behörden und Politik – erreicht werden. Nur durch diese Vertrauensbildung für den Aufbau einer Lebensmittelnahversorgung kann diese langsam von unten mit der Basis aufgebaut werden. Das war uns bei der Erstellung unseres Prototyps auch bewusst, und so war dieser darauf ausgelegt, innerhalb von 5 Jahren 1% des

Lebensmittelbedarfs für 100.000 Verbraucher zu erreichen. Das wäre nach heutiger Statistik ein Umsatzvolumen von circa 2,3 Mio. Euro[22].

Es geht also zunächst darum, die notwendige Lobby aufzubauen, um einen Marktanteil von 1% zu erreichen. Aber erst wenn der Weg frei, d.h. die notwendige Lobby vorhanden ist, kann gestartet werden. Manchmal hat man den Eindruck, dass die institutionelle Förderung eine gewisse Lobby hat. Das geschieht unter anderem durch Projektaufrufe oder Presseberichte. Diese werden dann medienwirksam, mit Werbekampagnen oder anderen Strategien in die Öffentlichkeit getragen und manche, wie wir, fallen darauf herein.

Starker Partner

Bisher gehen viele immer noch davon aus, dass die strukturelle Entwicklung der Lebensmittelnahversorgung von den Landwirten ausgehen und aufgebaut werden muss. Das ist aber aus vielen Gründen, auf die ich hier nicht eingehen möchte, nicht möglich. Außerdem ist die Zahl der Landwirte, die sich daran beteiligen könnten, viel zu gering. Zu denken und zu glauben, dass, wenn einige vorangehen, andere folgen werden, mag im Prinzip richtig sein, aber die notwendigen Rahmenbedingungen müssen erst geschaffen werden.

Um lokale, regional vernetzte Gemeinschaftszentren aufzubauen, braucht es vor allem starke Partner aus der Lebensmittelbranche. Partner, die auch die notwendigen Logistik- und Vermarktungsstrukturen zur Verfügung stellen können. Grundsätzlich sollten bestehende Strukturen die Initiative für den Aufbau einer Lebensmittelnahversorgung ergreifen. Dies auch deshalb, weil dort die notwendige Logistik bereits vorhanden ist. Da bereits das Volumen von 1% des Lebensmittelbedarfs eine funktionierende Logistik erfordert, sollte von Anfang an auf bestehende Logistikstrukturen zurückgegriffen werden.

Bei einem Marktanteil von über 2% werden die Mengen so groß, dass auf jeden Fall auf bestehende Distributionssysteme zurückgegriffen werden muss. Es macht auch keinen Sinn, neue Logistiksysteme aufzubauen, wenn die bestehenden ausreichen.
Der gesamte Prozess muss daher kooperativ und ideologiefrei ablaufen, damit die bestehenden nationalen und regionalen Strukturen bestmöglich mit den neu zu schaffenden lokalen/regionalen Strukturen kooperieren können.

---

[22] *https://de.statista.com.statistik/daten/studie/296809/umfrage/Konsumausgaben in Deutschland fr Nahrungsmittel und alkoholfreie Getränke bis 2023 | Statista)* letzter Aufruf 29.6.2024

Starker Auftraggeber

Als wir das Projekt starteten, war uns gar nicht bewusst, wie sehr ein solches Projekt einen starken Auftraggeber, der auch für die notwendige Lobby sorgt, braucht.

Investoren

Als wir 2003 begannen, unser Konzept zu entwickeln, ging man davon aus, dass nachhaltige, alternative Lebensmittelversorgungssysteme durch die Bauern selbst und durch solidarische Finanzierungsmodelle, Tauschinvestoren, Spenden – also eine Art Wirtschaftshilfe von unten – finanziert werden könnten. Diese doch sehr idealistisch gedachten Finanzierungsformen sind, auch wenn einige solidarische Landwirtschaftsbetriebe so funktionieren, noch undenkbar. Hinzu kommt, dass die Betriebe mit sehr viel Handarbeit nur die Arbeitskosten erwirtschaften können und kaum Gewinne erzielen werden. Das ist nicht ausreichend.

Weil man kaum Gewinne erwirtschaften kann, gibt es auch kein Interesse von Investoren. Als ich 2016 einmal die Gelegenheit hatte, mein Konzept vor einem Investmentclub vorzustellen, gab es auf meine Frage, ob denn jemand bereit wäre, 1000€ zu investieren, kein Interesse. Nicht einer war bereit, 1000€ beizusteuern. Ich glaube aber auch, dass es daran lag, dass ich unser Konzept nicht gut genug verkauft habe. Man kann nicht alles auf Anhieb. So konnten wir auch keinen Partner für den Prototypenbau finden und haben die sehr hohen Investitionen selbst finanziert. Das war aber nur aus eigener Kraft und über einen Zeitraum von mehr als zehn Jahren möglich. Durch diesen langen Zeitraum konnten wir aber alles sehr gut durchdenken und das Machbare vom Nichtmachbaren unterscheiden.

Marktebene

Marktsituation

Auch wenn der Markt schon immer stark reguliert war, glaube ich, dass er bis in die 50er Jahre relativ offen für alle, transparent, selbstregulierend und regional orientiert war. Heute dagegen ist der Markt meiner Meinung nach geschlossen, nur wenigen zugänglich, undurchsichtig und global ausgerichtet.
Wir haben unterschätzt, dass der Markt heute so sehr geschlossen ist. In Wirklichkeit ist es für einen Landwirt unmöglich, seine Produkte im Supermarkt nebenan zu positionieren. Wenn, dann gehen die Produkte zuerst in die Zentrale und müssen sich an den Weltmarktpreisen orientieren. Der Marktanteil der Produkte direkt vom Bauern ist heute sehr gering und ich glaube, er liegt weit unter 1% Marktanteil.
Leider ist mir nicht bekannt, ob es in Belgien und den Nachbarländern jemals eine wissenschaftliche Studie zu diesem Thema gegeben hat.

Die einzige grobe Schätzung, die ich kenne, stammt aus dem Jahr 2006 und wurde von der Zeitschrift „test-achats“ in Belgien durchgeführt. In der Ausgabe 487 auf S. 27 wird der Marktanteil der Direktvermarktung in Belgien mit 0,6% angegeben.

Das Prinzip: „Wachsen oder Weichen“

Da das Prinzip „Wachsen oder Weichen“ auch heute, im Jahr 2024, noch das zentrale Prinzip unseres Wirtschaftssystems ist und damit der Wettbewerb zwischen den Akteuren im Mittelpunkt steht, haben lokal und regional agierende, alternative Wirtschaftssysteme kaum eine Chance, aus der Nische herauszukommen und sich am Markt zu positionieren. Erst wenn der Konkurrenzkampf abnimmt und sich mehr Solidarität bzw. Gemeinschaftsdenken entwickelt, kann mit dem Aufbau der Lebensmittelnahversorgung begonnen werden.

Referenzprojekte

In den letzten Jahren gab es eine Reihe von Studien und Versuchen. Die größte Studie, die mir in Deutschland bekannt ist, ist die Studie *Transformative Unternehmen und die Wende der Ernährungswirtschaft* des Bundesministeriums für Bildung und Forschung aus dem Jahr 2019. Die Studie ist sehr interessant, weil sie vieles, was bisher schon geschrieben wurde, in allgemein verständlicher Form zusammenfasst. Dies wird auch durch das umfangreiche Literaturverzeichnis und die kompakte thematische Arbeit deutlich. Das Buch könnte daher zu einem Standardwerk werden.

Die Porträts der 27 beteiligten Praxispartner zeigen, wie viel Kreativität vorhanden ist. Meist handelt es sich aber um Nischenprojekte oder Insellösungen, die kaum Marktrelevanz haben. Deshalb werden diese Insellösungen auch oft gefördert, weil man weiß, dass sie den Markt nicht erreichen und gefährden können. Wichtig wäre es, einen international konkurrenzfähigen, universellen Standard zu entwickeln, der dann vielfach transferiert und kopiert werden kann. Es wäre interessant zu wissen, ob eines der Partnerprojekte ein solcher Standard sein oder werden könnte. Noch besser wäre es, eine Modellregion zu entwickeln und dieses Modell auf andere Regionen zu übertragen. Es gibt auch andere Organisationen, wie z.B. die „Transition Town“-Bewegung in England, die bereits Ansätze der Nahversorgung mit Lebensmitteln nutzen. Meist sind diese Ansätze jedoch sehr individuell, aufwändig und schwer als allgemeingültige Lösung übertragbar. Dazu gibt es ein sehr interessantes Buch von Rop Hopkins mit dem Titel *Energiewende das Handbuch*, das 2008 im Verlag Zweitausendeins erschienen ist.

Ich habe auch einige Projekte kennengelernt, die als Referenz dienen können. Diese Projekte sind meist mit großem Aufwand aufgebaut worden und die Verantwortlichen sind auch nicht bereit, ihr Wissen weiterzugeben. Dafür war der Aufwand, sich am Markt positionieren zu können, viel zu groß. So müssen alle Projekte bei null anfangen, um ihr Konzept zu entwickeln, was kaum mehr möglich ist, wodurch alle Akteure mit Alternativen kämpfen und ziemlich allein an einer Front stehen, die nach wie vor unüberwindbar ist.
Leider wird diese Situation auch von Behörden, Medien und Verbänden völlig ignoriert. Es gibt einige Insellösungen, mehr jedoch nicht.

Bemerkung
Ähnlich wie bei der Energiewende, die sich zum Teil durch genossenschaftlich organisierte, kleinteilige und vernetzte regionale Strukturen im Umbruch und in der Regionalisierung befindet, könnte eventuell auch im Bereich der Ernährungswirtschaft vorgegangen werden.
Beispielsweise gehört fast die Hälfte der deutschen Windkraftanlagen den Bewohnern der jeweiligen Region in Deutschland[23]. Ein ähnlicher strategischer Ansatz sollte auch für die Ernährungswirtschaft entwickelt werden – auch, weil dieser Wirtschaftsbereich in jeder Region/Gemeinschaft der wichtigste Wirtschaftszweig ist.

Personalebene

Mitarbeiter

Ich selbst mache immer wieder die Erfahrung, dass es immer mehr Interessenten gibt, die lieber in kleinen Handwerksbetrieben als in Industriebetrieben arbeiten wollen. In der Aufbauphase der Solidarwirtschaft jedoch werden sehr vielseitige, engagierte und auch dynamische Mitarbeiter benötigt, die es kaum gibt. Wenn es sie gibt, müssen sie entsprechend gut bezahlt werden. Die beste Chance bestünde darin, dass die Mitgründer oder Partnerunternehmen bereits über geeignetes Personal verfügen und dieses zur Verfügung stellen. Da die Auslastung in der Aufbauphase eher gering ist, wäre das eine Möglichkeit. Wir waren uns von Anfang an über das Problem des fehlenden Personals im Klaren. Deshalb haben wir versucht, eine Genossenschaft mit gleichberechtigten Partnern zu gründen. Leider ist es uns jedoch nicht gelungen.

Kompetenzen

Die Mitarbeiter benötigen vielfältige Kompetenzen und vor allem ein hohes Maß an Selbständigkeit. Um diese zu erlernen, müssen auch für die Interessenten Lern- und Ausbildungsmöglichkeiten geschaffen werden.

[23]http://www.bing.com/search?q=wem+gehören+die+Windkraftanlagen+in+Deutschland - letzter Aufruf 2.4.2024

Idealerweise Inkubatoren, um Selbständigkeit in der Praxis zu erlernen. Daher sollte bei der Aus- und Weiterbildung angesetzt werden, da dies derzeit das einzige Handlungsfeld ist, in dem angesetzt werden kann.

Politische Ebene

Unterstützung vom Staat und der Europäischen Union

Da es sich bei der Entwicklung der Lebensmittelnahversorgung um ein mutiges Unterfangen handelt, muss der Staat bzw. die Europäische Union dieses Vorhaben unterstützen und die Schaffung der notwendigen Rahmenbedingungen fördern. Damit der Staat eine solch radikale Erneuerung unterstützt, muss man zuerst experimentieren und zeigen, ob ein Konzept machbar ist oder nicht.

Viele Projekte scheitern, weil es zu Beginn so aussieht, als würden staatliche Institutionen das Projekt unterstützen, z.B. durch die Bereitstellung von Fördermitteln. Oft werden dann mit großer Euphorie Projekte gestartet, die dann aber enden, wenn die Fördermittel aufgebraucht sind, besonders, wenn die Förderung politischer Natur ist. Projekte enden auch, wenn sich die Politik ändert. Man hört auch immer wieder die Zustimmung: Tolle Idee, macht mal.
Doch meines Erachtens wird, wenn die Möglichkeit besteht, dass das Projekt erfolgreich werden könnte, mit allen Mitteln versucht, es zu sabotieren.

Normierungen und Gesetzesvorgaben

Eine Umsetzung des Konzepts ist zurzeit wegen der bestehenden Gesetzgebung nicht möglich.
Matthias Wiesmann beschreibt dies in seinem Buch *Solidarwirtschaft* an einigen Stellen sehr gut, wie z.B. auf S. 79:

> *Staatliche Normierungen und Kontrollen tendieren – im Kielwasser der Globalisierung der Wirtschaft – zu immer stärkerer Zentralisierung und damit zu immer größerer Lebensfremdheit. In der Europäischen Union und der Schweiz ist dies ein Dauerthema. Dass sich diese Normierungen und Regulierungen sehr lebensfeindlich auswirken können, zeigt sich in den europäischen Krisengebieten wie Portugal, Spanien und Griechenland. Viele Menschen sehen sich in eine Subsistenzwirtschaft zurückgeworfen, nehmen dies Herausforderung an, kaufen einige Hühner, ein Schaf oder produzieren für Laden um die Ecke oder das nahe gelegene Restaurant – und müssen mit Bußen rechnen, weil sie die entsprechenden Auflagen nicht erfüllen, die von der EU im Hinblick auf Legefarmen mit Zehntausenden von Hühnern oder auf Fleischfabriken (die trotz Regulierung und Kontrolle Pferdefleisch verarbeiten) formuliert worden sind.*

> *Wenn die Europäische Union in der Manier eines Territorialstaats einheitliche Regeln von der ukrainischen Grenze bis Gibraltar durchsetzen will, dann führt dies zwangsläufig zu sozialen Verwerfungen.*

Diese und andere unüberwindbare Hindernisse machen es unmöglich, aus der Nische heraus sich auf dem Markt zu etablieren. Zumindest unter den heutigen EU-Normen ist dies sehr schwierig. Für kleine Nischenproduzenten eines spezifischen Produktes, wie Käse mit kleinen Mengen und Direktvermarktung, ist die Einhaltung der Vorschriften möglich und auch finanzierbar. Sobald aber das Volumen größer wird und man sich auf dem Markt positionieren will, wird es sehr schwierig. Noch schwieriger wird es, wenn Personal eingestellt werden muss. Ganz zu schweigen, wenn Kredite zur Finanzierung benötigt werden. Solange es also keine Gesetzesänderungen auf EU-Ebene gibt, wird es schwierig bis unmöglich sein, aus der Nische herauszukommen. Da aber die Gesetze heute generell auf die Agrarindustrie und die industrielle Lebensmittelproduktion zugeschnitten sind, kann ich nur raten, nicht zu versuchen, aus der Nische herauszukommen.

Medienebene

Leider hat das Thema die Talkshows noch nicht verlassen und die Wirtschaftsjournalisten sind noch nicht ernsthaft mit den Experten an die Basis gegangen, um gemeinsam zu überlegen, wie eine Nahversorgung mit Lebensmitteln aufgebaut werden kann. Seit 50 Jahren wird Zeit und viel Energie mit endlosen Diskussionen, Debatten, Kongressen, dem Schreiben von Artikeln und Büchern usw. verschwendet. Es bleibt leider keine Zeit mehr, um mit den Akteuren an Lösungen zu arbeiten und Konzepte zu entwickeln.

Auch in den Medien wird immer wieder über die positive Entwicklung des Verbraucherinteresses an Produkten direkt vom Bauern berichtet. Die Realität sieht aber ganz anders aus: der Marktanteil liegt meiner Meinung nach immer noch weit unter 1%. Genauso wie die von den Medien inszenierten Bewegungen, wie z.B. *Fridays for Future,* zwar eine große Aufmerksamkeit erreichen, mehr aber auch nicht. Man fragt sich, wie viele der demonstrierenden Jugendlichen tatsächlich auf Flugreisen verzichten wollen. Noch weniger sind meiner Meinung nach bereit, sich mal auf einem Acker blicken zu lassen. Bisher hat sich zumindest bei uns noch niemand gemeldet, der einmal einen Tag bei uns auf dem Hof mitarbeiten möchte. Das alles führt auch dazu, dass sich einige Stiftungen, Journalisten, Think Tanks etc. mit Unterstützung der Medien als Experten positionieren. Das Ganze ist dann perfekt und mediengerecht initiiert und erweckt den Eindruck, dass sich in Sachen Nachhaltigkeit, ökologisches Wirtschaften etc. etwas ändert. Talkshows und Bewegungen wie *Fridays for Future* funktionieren nach dem gleichen Schema.

Verbraucherebene

Erwartungshaltung der Verbraucher

Wenn der Verbraucher Interesse an Lebensmitteln aus der Region hat, dann erwartet er von diesen die gleichen Bedingungen in Bezug auf Aussehen, Verpackungseinheiten, Verfügbarkeit, Vielfalt usw. wie von den Produkten aus dem Supermarkt und damit vom Weltmarkt. Der Verbraucher möchte sie auch im Supermarkt finden, was ich sehr gut nachvollziehen kann.

Das Interesse an regionalen und möglichst biologischen Lebensmitteln direkt vom Bauern ist sehr groß, aber nach den Erfahrungen, die wir auf unserem Hof gemacht haben, sind verständlicherweise nur wenige bereit, direkt beim Bauern einzukaufen. Eigene Erfahrungen zeigen auch, dass es eine gewisse kleine Anzahl von Konsumenten gibt, die bereit sind, direkt beim Bauern einzukaufen, aber es werden immer weniger. Der Aufwand, die Höfe für einzelne Produkte abzufahren, ist einfach zu groß. Daher die Idee, eine breite Produktpalette mit den Rohprodukten der Bauern aus der Region an einem Ort zu produzieren. Nur so kann der hohe Aufwand für den Verbraucher reduziert werden.

Ebene der Wissenschaft und Forschung

Wir wissen nun seit 50 Jahre WAS zu tun ist, aber immer noch nicht WIE die Vision einer nachhaltigen Ökonomie von E.F. Schumacher aufgebaut werden könnte. Das große Problem ist, dass die Wissenschaft es leider nicht geschafft hat, ein in der Praxis erprobtes und übertragbares strategisches Konzeptmodell zu entwickeln. Ohne diese Strategie kann auch die Politik nicht die notwendigen Entscheidungen treffen. Das Risiko wäre einfach zu groß.

Das Hauptproblem besteht darin, dass es heute keine Forschung zu alternativen Wirtschaftsformen gibt. Daher gibt es auch keine Lehrstühle und Pilotprojekte. Dies liegt vor allem daran, dass die heutige Forschung überwiegend von der Privatwirtschaft finanziert wird und es nicht in deren Interesse liegt, Alternativen zu entwickeln. Die von der Politik initiierten Projekte, wie z.B. das vom Bundesministerium für Bildung und Forschung in die Wege geleitete und geförderte, hochinteressante Forschungsprojekt *Neue Chancen für eine nachhaltige Ernährungswirtschaft durch transformative Wirtschaftsformen*, wurde nach der Veröffentlichung des Abschlussberichtes 2019 eingestellt und nicht weiterverfolgt, weil schlichtweg kein Geld mehr zur Verfügung stand. Das ist typisch für alle Projekte, die mir im Laufe der Jahre begegnet sind. Man fragt sich daraufhin, warum und was passiert mit den gemachten Erfahrungen? Solange es keine gesellschaftliche und politische Unterstützung gibt, ist es auch wissenschaftlich schwierig, fundierte Modelle als Vorbilder zu entwickeln und Rahmenbedingungen/Leitlinien zu definieren.

Dies liegt auch daran, dass sich die heutige Wirtschaft mit ihren Lobbyverbänden und die Politik auf ein noch viele Jahre andauerndes Nebeneinander eingestellt haben und keine Veränderungen wollen. Das zeigt, dass die Lobbyisten gute Arbeit geleistet haben und keine Alternativen mehr zulassen. Leider ist auch die Politik, egal ob grün, rot, gelb oder schwarz, viel zu sehr in die Zwänge der Wirtschaft geraten.

Gesellschaftsebene

Kooperationsbereitschaft

Damit sind wir mitten in der heutigen Zeit. Nach über 50 Jahren Individualisierung will niemand mehr kooperieren. Das Wort Kooperation löst bei den meisten Menschen eine große Abneigung aus. Die große Herausforderung besteht also darin, die Kooperationskompetenz aller Akteure zu verbessern.

Ich hoffe, dass die Verantwortlichen in der Gesellschaft bald wieder generell bereit sind, auf die Basis zuzugehen und gemeinsam mit ihr Lösungen zu erarbeiten. Von einem bin ich aber hundertprozentig überzeugt: Die Gestaltung der gesellschafts- und wirtschaftspolitischen Zukunft Europas kann nur in Kooperation mit allen internen und externen Akteuren wie Konsumenten, Politik, Verbänden und Geldgebern gelingen. Es ist klar, dass die Gestaltung von Kooperations- und Solidarisierungsprozessen gerade am Anfang sehr schwierig sein wird. Auch muss sich erst die Erkenntnis durchsetzen, dass konfrontative Strategien, die nur den Wettbewerb und die Vernichtungskonkurrenz fördern, in der heutigen Zeit, in der alle gesellschaftlichen Gruppen unter Druck stehen, nicht helfen, die Probleme in den Griff zu bekommen.

Aufbau eines Forums – Plattform

Dies alles kann aber nur funktionieren, wenn alle Initiativen und Akteure miteinander vernetzt werden und ein gemeinsames Forum bzw. eine Plattform geschaffen wird. Dann besteht auch die Möglichkeit, alle Experten auf einen Nenner zu bringen.

Da das notwendige Bewusstsein seit fast 50 Jahren vorhanden ist, gäbe es schon längst alternative Wirtschaftssysteme, wenn es solche Plattformen gäbe. Ein gutes Beispiel dafür ist der Bericht *Grenzen des Wachstums* des Club of Rome, der 1972 erschienen ist und seitdem weltweit für Bewusstseinsbildung gesorgt hat, aber mangels Plattformen ist bisher nichts passiert. Auch in der Bildung ist das Thema noch nicht angekommen. Ich denke, wenn wir alle gemeinsam über das Schreiben hinaus etwas tun, ohne darauf zu warten, dass jemand kommt, der es finanziert, dann kann auch die notwendige Aufmerksamkeit erreicht werden. Über eine derartige Plattform könnten sich Hochschulen und Experten, die sich mit dem Thema Solidarwirtschaft beschäftigen oder beschäftigen wollen, auf EU-Ebene vernetzen, um dann gemeinsam Konzepte zu entwickeln. Da eine solche Plattform und ein solches Institut von Experten im Ruhestand aufgebaut werden könnten, könnten die Kosten geringgehalten werden. Andererseits müssten erhebliche Summen in die Erforschung alternativer nachhaltiger Wirtschaftssysteme investiert werden. Eigentlich müsste es dringend ein Ministerium geben, das sich mit dieser Thematik beschäftigt. Es fehlt auch an Plattformen, die es ermöglichen, Projekte bei Investoren vorzustellen. Die Schaffung von Plattformen ist meiner Meinung nach die größte Herausforderung.

Schlussfolgerung

Als ich begann, dieses Kapitel zu schreiben, hätte ich nicht gedacht, dass es eine solche Vielfalt an notwendigen Rahmenbedingungen für die Entwicklung der Lebensmittelnahversorgung geben könnte. Bevor mit dem Aufbau der Lebensmittelnahversorgung begonnen wird, ist es daher notwendig, diese Rahmenbedingungen mit Experten genauer zu formulieren. Dies hat auch zum Ziel, dass alle Akteure von Anfang an Bescheid wissen und Improvisationen, die viel Geld und Energie kosten, vermieden werden können. Nun fällt mir auch auf, dass ich das Wort „Improvisation“ im ganzen Buch bisher nicht verwendet habe, obwohl die Beschäftigung mit der Lebensmittelnahversorgung bisher hauptsächlich Improvisation war. Ich hoffe also, dass ich mit diesem Buch einen Beitrag dazu leisten kann, dass in Zukunft weniger improvisiert und mehr professionell an der Thematik gearbeitet wird.

Kapitel 10 Bildung und Ausbildung

Die UN-Dekade „Bildung für nachhaltige Entwicklung" (2005-2014) zeigt, dass es in Zukunft in der Bildung auch um Nachhaltigkeit gehen wird. Hier ein kurzer Überblick über die Ziele:

- Weiterentwicklung und Bündelung der Aktivitäten sowie Transfer guter Praxis in die Breite.
- Vernetzung der Akteure der Bildung für nachhaltige Entwicklung.
- Verbesserung der öffentlichen Wahrnehmung von Bildung für nachhaltige Entwicklung.
- Verstärkung internationaler Kooperationen.

Daher muss der Bildung besondere Aufmerksamkeit geschenkt und die derzeitige Situation in Frage gestellt werden.

10.1. Wie funktioniert Bildung heute

Das heutige Bildungssystem ist nach wie vor auf die Bedürfnisse der Wirtschaft und damit des Kapitals ausgerichtet. Je anpassungsfähiger die Schüler und Studenten sind, desto mehr werden sie gefördert. Ein frühes Gliederungssystem im Bildungsbereich führt dazu, dass jeder am richtigen Platz ankommt und seine optimale Funktion im Sinne des wissenschaftlich/tayloristischen Systems oder des bürokratischen Systems erfüllen kann. *„The right man at the right place"*[24], wie es der Taylorismus propagierte. Dies hat auch dazu geführt, dass unser heutiges Bildungs- und Ausbildungssystem meiner Meinung nach, systematisch auf Spezialisierung ausgerichtet ist und alles andere ausblendet bzw. nivelliert.
Solange der Einzelne noch eine Chance hatte, war dieses System vertretbar. Da meiner Meinung nach immer mehr Menschen in unserem Wirtschaftssystem keine Chance mehr bekommen, ist es notwendig, ein Bildungssystem aufzubauen, in dem der Einzelne lernt, seine eigenen Möglichkeiten und Stärken besser zu kennen und zu nutzen.

Wichtig ist dies vor allem vor dem Hintergrund, dass in Zukunft immer mehr Menschen die Dinge selbst in die Hand nehmen müssen. Da den meisten dafür aber bestimmte organisatorische und unternehmerische Kompetenzen fehlen und diese auch kaum vermittelt werden, ist es notwendig, ein Management-Lernprogramm zu entwickeln, das sich an alle richtet und nicht nur an die Führungs- und Managementetagen in den Unternehmen. Vor allem für die Randgruppen bzw. die Basisbevölkerung der Gesellschaft sollten Chancen geschaffen werden, die diese dann eigenständig wahrnehmen können bzw. sollen.

---

[24]https://www.youtube.com/watch?v=rFjJs6ZjPe8 letzter Aufruf 17.8.2024

Es gilt somit Sozialkompetenz (Führungskompetenz) und auf Gestaltungskompetenz (Managementkompetenz) einem breiten Publikum zugänglich und nutzbar zu machen. Dabei geht es vor allem darum, jedermann die Möglichkeit zu geben, sich Methoden, Techniken und Werkzeuge aus dem Handlungskoffer des Managements anzueignen. War dieses Führungs- und Managementwissen noch bis vor einigen Jahren ein Buch mit sieben Siegeln, das sich ausschließlich an Experten und Manager in Unternehmen richtete, so entwickelt sich dieses Wissen – dank vieler Autoren und Berater – immer mehr in Richtung Allgemeinwissen und ist mehr und mehr für jeden zugänglich.

Der Schwerpunkt des Bildungsangebots sollte sein, **praxisorientiert** die Projektarbeit und Kooperations- und Kommunikationsfähigkeiten der Teilnehmer zu verbessern. Dabei geht es vor allem darum, dass die Teilnehmer – sei es als Projektautoren, Existenzgründer oder Kleinunternehmer – lernen sich miteinander zu vernetzen, um somit Synergien und Initiativen zu ergreifen oder gemeinsame Projekte zu realisieren, die ein einzelnes Unternehmen allein nicht meistern könnte. Hier liegt ein riesiges Potential, Mehrwert zu erwirtschaften.

10.2. Bildung für die Solidarwirtschaft

Wie mehrmals im Buch beschrieben, kann die Solidarwirtschaft nur durch eine langfristige Veränderung der Denk- und Verhaltensweisen aufgebaut werden. Nur so ist ein kontinuierlicher Veränderungsprozess möglich. Wie bei allen Veränderungen ist es wichtig, bei der Bildung anzusetzen. Auch um Lernmöglichkeiten für die zukünftige Generation zu schaffen, damit diese sich aktiv am Aufbau ökologischer und nachhaltiger Wirtschaftssysteme wie der Solidarwirtschaft beteiligen kann.

Die folgenden Zitate machen deutlich, wie notwendig es ist, unser Bildungssystem in Richtung nachhaltiger und ökologischer Bildung und Ausbildung zu erweitern.

E.F. Schumacher definiert die Aufgabe der Bildung in seinem Buch *Die Rückkehr des menschlichen Maß, Small is beautiful*, Rowohlt Verlag, 1977, auf S. 74 folgendermaßen:

> *Bildung hat zuallererst und vorrangig die Aufgabe, Gedanken und Werte weiterzugeben, uns zu sagen, was wir mit unserem Leben anfangen sollen. Ohne Zweifel besteht auch die Verpflichtung, praktisches Wissen weiterzugeben.*

Gerhard Nagel, beschreibt in seinem Buch *Die Rivalen* auf S. 6:

> *Unsere gesamte Ausbildungslogik in der Heranführung von Menschen zum Management ist kompromisslos auf die Vermittlung von*

Wissen, Fakten und Prozessen ausgerichtet, die soziale Kompetenz, die menschliche Komponente, die Teamfähigkeit kommen meiner Meinung nach insgesamt sträflich zu kurz. So ist es kein Wunder, dass diese hervorragend, aber einseitig ausgebildeten Manager sich gerade in den Beratungsgesellschaften sammeln und gemäß ihren antrainierten Paradigmen zu Werke gehen.

Die Autoren **Daniel Baumgärtner, Felix Heydel, Bettina Hollstein, Johannes Schmitt** beschreiben in ihrem Buch *Wege aus der Wachstumsgesellschaft* herausgegeben von Harald Welzer und Klaus Wiegrandt auf S. 197 worum es eigentlich bei der zukunftsorientierten Nachhaltigkeitsbildung gehen sollte:

Bereits in der Schule und Hochschule kann man mit Hilfe von Service-Learning Nachhaltigkeit im Alltag erfahrbar machen. Gleichzeitig erhalten Schülerinnen und Schüler und später die Studierenden durch ihr Engagement zur Lösung von realen Problemen, ohne dafür knappere freie Zeit zu verlieren. Die Förderung von Service-Learning impliziert die Anerkennung eines erfahrungs- und handlungsbasierten Lernens durch die Verknüpfung gesellschaftlichen Lebens mit Schule bzw. Studium.

Es müssen daher Lernmöglichkeiten geschaffen werden, in denen ein maßvoller Umgang mit Ressourcen, Solidarität mit Natur und Tieren, Gemeinschaft und nicht zuletzt Spiritualität eine fruchtbare Verbindung eingehen können. Die Politik sollte die Dringlichkeit von Ökologie und Nachhaltigkeit zum Bildungsthema und Schulfach machen. Dabei sollte das Erlernen von handwerklicher Arbeit im Bereich der Landwirtschaft und der Lebensmittelproduktion vom Acker bis zum Teller im Mittelpunkt stehen. Aber auch Bereiche wie Musik, Handwerk, Kunst, Friedenserziehung sollten dazu gehören. Vor diesem Hintergrund ist ein bedarfs- und praxisorientiertes Bildungskonzept mit Fachleuten zu entwickeln.

Eventuell könnten auch Themen der Gemeinschaftsbildung und Spiritualität hinzukommen. Auch ein Programm zur schöpfungstheologischen Ästhetik, d.h. Wahrnehmungslehre, ist zu entwickeln und anzubieten. Da der Klimawandel und verschiedene Krisen die Gesellschaft zu Veränderungen drängen, kommt es jetzt darauf an, dass alle Verantwortlichen in der Gesellschaft und in den Institutionen konstruktive Vorschläge für die Entwicklung eines die Schöpfung bewahrenden Lernens machen.

Bei all dem geht es auch darum, zu lernen, zeitweise innezuhalten und sich bewusst zu machen, was im Übermaß produziert, angeboten und konsumiert wird und zu erkennen, worauf wir ohne Not verzichten könnten, was ohne Abstriche geteilt und verteilt werden könnte, im Bezug auf Nahrung, Kleidung, Gütern und Produkten.

Methodenwissen

Für den Aufbau der Solidarwirtschaft und der ständig steigenden Komplexität und Dynamik ist es besonders wichtig in Netzwerken und Projektteams arbeiten zu können. Daher gilt es, derartiges Wissen für die Arbeitsgestaltungsprozesse, allen Beteiligten zu vermitteln und zugänglich zu machen. Dieses Wissen ist vor allem an der Basis der Gesellschaft dringend notwendig, damit Neues entstehen, Probleme gelöst und Projekte realisiert werden können. Im Zusammenhang meiner über 25 Jahren Erfahrungen als Projektberater und Projektbegleiter für Klein- und Kleinstunternehmen und Existenzgründer stelle ich dies immer mehr fest.

Da jedoch eine bereichs- und hierarchieübergreifende Zusammenarbeit aller Beteiligten erforderlich sein wird und nur begrenzte Ressourcen zur Verfügung stehen, ist es notwendig, von Anfang an auf allen Handlungsebenen effiziente, einfache, praktikable und universelle Methoden, Techniken und Werkzeuge des Managements – und hier in erster Linie des Projektmanagements – einzusetzen.
Damit dies auch mehrsprachig funktionieren kann und soll, müssen Methoden, Techniken und Werkzeuge (Tools) eingesetzt werden, die schnell, einfach und ohne großen Erklärungsbedarf eingesetzt werden können, also selbsterklärend sind. Daran muss in den nächsten Jahren gearbeitet werden, um ein verständliches und selbsterklärendes Handbuch mit dem Titel *Management für Jedermann* zu erstellen. Dieses Handbuch könnte dann als Grundlage dienen, um die Arbeit in mehreren Sprachen zu vereinfachen. Das Ganze wird nicht von vornherein definiert werden können, sondern muss mit Experten anhand von Praxisbeispielen entwickelt werden. Das Hauptziel sollte dann ein „Management für Jedermann"- Kurs in mehreren Sprachen sein.

10.3. Gründung eines Lern- und Forschungszentrums

Bevor an den Aufbau alternativer Wirtschaftssysteme gedacht wird, sollte zunächst ein spezialisiertes Lern- und Forschungszentrum eingerichtet werden. Hier könnten sich Hochschulen und Experten, die sich mit dem Thema beschäftigen oder beschäftigen wollen, vernetzen und gemeinsam Konzepte entwickeln.

Dieses Lern- und Forschungszentrum ist auch dringend notwendig, um junge Menschen auf den Wandel vorzubereiten und sie über alternative Wirtschaftssysteme zu informieren und auszubilden. Zugrunde liegt hierfür, dass sie sich entscheiden können sollen, am Aufbau nachhaltiger alternativer Wirtschaftssysteme, wie der Solidarwirtschaft mitzuwirken. Was nützt es jungen Menschen, die für den Klimaschutz demonstrieren, wenn sie keine Ahnung von alternativen Wirtschaftssystemen haben und nicht wissen, wie diese aufgebaut werden können? Es ist ebenso wichtig, unseren Jugendlichen Handlungsmöglichkeiten und berufliche Perspektiven zu bieten, damit sie über das Demonstrieren hinaus aktiv werden können.

Eine Handlungsmöglichkeit im Bereich der Solidarwirtschaft könnte sein, ein System zu schaffen, das jungen Menschen die Möglichkeit gibt, sich z.B. für einige Wochen oder Monate aktiv am Aufbau der Lebensmittelnahversorgung zu beteiligen. Durch den Aufbau von Gemeinschaftszentren oder Gemeinschaftshöfen könnten dafür Möglichkeiten geschaffen werden. So vermittelt man den Jugendlichen auch das gesamte Spektrum der Berufsmöglichkeiten rund um die Lebensmittelproduktion vom Acker bis zum Teller. Vielleicht könnte auf diesem Weg der eine oder andere Jugendliche Interesse bekommen, sich langfristig in einem dieser Berufe zu engagieren.

Auf jeden Fall muss der Jugend und allen anderen Aktivisten klar gemacht werden, dass Veränderungen nur von unten mit Unterstützung von oben möglich sind, und dass sich jeder aktiv einbringen muss. Bildung ist auch hier der Anfang und der Schlüssel. Deshalb sollte als erster Schritt ein mehrsprachiges Lern-, Ausbildungs- und Forschungszentrum in der EU aufgebaut werden. Das Thema sollte ebenfalls Teil der Ausbildung von Grundschullehrern und auch von Fachlehrern werden.

10.4. Gründung von Lehrstühlen

Der Entwicklungsprozess der Solidarwirtschaft wird sehr komplex sein. Daher sollten zu Beginn mehrsprachige Lehrstühle eingerichtet werden. Diese Lehrstühle haben die Aufgabe, gemeinsam die Theorie mit der Praxis zu verbinden und mehrsprachige Seminare und Kurse zu entwickeln.

Ich selbst stelle mir vor, dass diese Lehrstühle in Regionen wie z.B. der Schweiz oder Ostbelgien eingerichtet werden, wo die Mehrsprachigkeit vorhanden ist. Die Seminare und Kurse sollten praxisorientiert und basisnah sein. Ein solcher Kurs ist auch notwendig, um z.B. Studenten über das Potential von alternativen Wirtschaftssystemen wie z.B. der Solidarwirtschaft zu informieren, auch wenn diese noch nicht existieren, um das Interesse zu wecken. Da es sicherlich schon einige Institutionen und Experten gibt, die sich mit alternativen Wirtschaftssystemen beschäftigen, ist es notwendig, zu Beginn zusammenzutragen, was bereits vorhanden ist. Für die Einrichtung der Lehrstühle sollte ein Komitee aus Vertretern verschiedener Institutionen und Organisationen gebildet werden. Dieses Gremium legt dann die Themen etc. fest.

Schlusskommentar

Wie schon in der Problembeschreibung erwähnt, reicht die Bewusstseinsbildung für alternative Wirtschaftssysteme bis zum Jahr 1972, als das Buch *Grenzen des Wachstums* vom Club of Rom erschien, zurück. Warnungen hat es auch schon viel früher gegeben. Somit denke ich, ist die Thematik mittlerweile ausreichend bearbeitet worden und es gilt nun die Umsetzung zu beginnen.

Durch die Corona-Krise, den Klimawandel und andere Gründe wird die Wirtschaft unweigerlich zu einem maßvollen Umgang mit allen Ressourcen zurückkehren. Es gilt also zu überlegen, wie Ökonomie und Ökologie in Einklang gebracht werden können, ohne gleich die ganze Welt verändern zu müssen. Jetzt, wo sich in Europa langsam ein politischer Aufbruch entwickelt und Themen wie Klimaschutz in den Mittelpunkt rücken, ist es an der Zeit, darüber nachzudenken und Konzepte zu entwickeln.
Diese Konzepte sind auch notwendig, damit

- die Politik die notwendigen Rahmenbedingungen schafft,
- das Interesse von Investoren geweckt,
- und die Aufmerksamkeit der Medien erreicht wird.

Das in diesem Buch beschriebene Konzeptmodell ist somit nur ein erster Entwurf, um die Ökologie und die Ökonomie in der Form einer Solidarwirtschaft im primären Wirtschaftsbereich, der Lebensmittelnahversorgung miteinander zu verbinden. Auch wenn dies im Moment unter den heutigen Rahmenbedingungen noch nicht möglich ist, gilt es nun alle Energien zu bündeln und zu beginnen. Auch wenn noch die meisten Verantwortlichen der Gesellschaft, Politik und Wirtschaft treu hinter den globalen Strukturen stehen und alles andere utopisch zu sein scheint, geht kein Weg daran vorbei.

Da wohl niemand an einem revolutionären Umbruch interessiert sein kann und das Risiko auch wegen der fehlenden Konzepte und Erfahrungen aus der Praxis viel zu hoch wäre, gilt es mit allen Einflussnehmern aus Politik und den Verbänden eine universelle Strategie zu entwickeln, um sich auch medial und im Bereich des Marketings effizient positionieren zu können.

Eine nachhaltige Lebensmittelnahversorgung kann nicht wie die industrielle Ernährungswirtschaft funktionieren. Das benötigt ein Umdenken bei allen Beteiligten. Somit gilt es Alternativen kooperativ und ideologiefrei mit den existierenden Systemen und Strukturen, den Verbänden, den politischen Instanzen sowie der Wissenschaft behutsam und langsam aufzubauen. Dies auch, weil es ein langer schwieriger Weg sein wird.

Somit wird die <u>Zusammenarbeit auf allen Ebenen</u> notwendig sein. Als Einzelkämpfer, wie wir es versucht haben, ist es nicht möglich.

Wenn wir alle gemeinsam anfangen, über das Diskutieren hinaus etwas zu tun, dann werden wir auch die notwendige Aufmerksamkeit erreichen. Wie bereits erwähnt, sollte man mit der Bildung beginnen. Auch deshalb, weil zu Beginn eines Veränderungsprozesses zunächst ein Bildungskonzept entwickelt werden muss.

So hoffe ich mit diesem Buch einen ersten kleinen Beitrag leisten zu können, für einen praxisorientierten Versuch, als strategischen Weg zu einer natürlichen, gesellschaftsnahen Kooperationsökonomie als Alternative zur globalen Wettbewerbsökonomie. Bisher gibt es nur wenige Versuche und ich hoffe, dass bald weitere folgen werden. Ich hoffe auch, dass ich mit diesem Buch einen Beitrag dazu leisten kann, dass in Zukunft weniger improvisiert und mehr professionell an der Thematik der Lebensmittelnahversorgung gearbeitet wird.

BIBLIOGRAPHIE

Anke Seifert / Claudia Breisa, Studienarbeit: *Globalisierung und Regionalisierung – zwei Seiten einer Medaille?* Grin Verlag GmbH, 2005

Anselm Grün und von Pater Alois Seuferling: *„aus und mit der Schöpfung leben,*
Verlag Katholisches Bibelwerk, Stuttgart, 2012

Brigitte van Baren, Fritz Lietsch: *Die Kraft des Mitgefühls", Leadership im Geist des Franz von Assisi*, Altop Verlag, 2017

Claus Leggewie & Harald Welzer: *Das Ende der Welt, wie wir sie kannten*, S. Fischer Verlag, Frankfurt, 2012

Carel van Schaik & Kai Michel: *das Tagebuch der Menschheit, was die Bibel über unsere Evolution verrät*, Rowohlt Verlag, Hamburg, 2016

Dirk Baecker: *Organisation und Management,* Suhrcamp Verlag, Frankfurt am Main, 2003

Dorothee Sölle: *Lieben und arbeiten, eine Theologie der Schöpfung,* Campe paperback, Hamburg, 1998

E.F. Schumacher: *Die Rückkehr des menschlichen Maß, Small is beautiful,* Rowohlt Verlag, 1977. Neuauflage von Niko Paech, Oekom Verlag, 2019

Franz Alt, *Agrarwende jetzt*, Goldmann Verlag, München, 2001,
aktuell noch lieferbare E-Book-Ausgabe: Franz Alt: Agrarwende jetzt. Goldmann Verlag (eBook) (penguin.de)

Friedrich Schorlemmer: *Unsere Erde ist zu retten. Haltungen die wir jetzt brauchen*, Verlag Herder, Freiburg 2016.

Geert Hofstede: *Lokales Denken, globales Handeln*, Deutscher Taschenbuchverlag, München, 2001

Gerhard Nagel: *Die Rivalen*, Carl Hanser Verlag, München, 2001

Harald Welzer, Klaus Wiegandt: *Wege aus der Wachstumsgesellschaft*, Fischer Verlag, Frankfurt am Main, 2013

Hans Dietrich Engelhardt: *Organisationsmodelle,* Verlag Dr. Jürgen Sandmann, Alling, 1995.

Hans-Erlang Hoffmann, Yvonne-Gabriele Schoper et Conor John Fitzimons *Internationales Projektmanagement*, Deutscher Taschenbuch Verlag, 2004

Helmut Thielen: *Befreiung im 21. Jahrhundert*, Horlemann Verlag, 2007

Herrmann Stinglhammer: *Einführung in die Schöpfungstheologie,* WBG (wissenschaftliche Buchgesellschaft) Darmstadt, 2011.

Irene Antoni-Komar, Cordula Kropp, Niko Paech, Reinhard Pfriem: *„Transformative Unternehmen und die Wende der Ernährungswirtschaft“,* vom Bundesministerium für Bildung und Forschung, Metropolis-Verlag, 2019.

Ichiro Kishimi, Fumitake Koga: *Du musst nicht von allen gemocht werden*. Rowohlt Verlag, München, 2022.

Jeremy Rifkin: *„Die Null Grenzkosten Gesellschaft,* Campus Verlag GmbH, Frankfurt am Main, 2014

Jean-Louis Laville, Elisabeth Bucolo, Geoffrey Pleyers, José Luis Coraggio: *Mouvement sociaux et économie solidaire*, Editions fondation maison des sciences de l'homme, Paris, 2017

Jürgen Rüttgers, *Worum es heute geht*, Verlag Bastei Lübbe, 2005

Krister Volkman: *Regional – und trotzdem global*. Lit Verlag, Berlin, 2009

Kurt Biedenkopf: *die Ausbeutung der Enkel*: List Taschenbuch. List ist ein Verlag der Ullstein Buchverlage, Berlin 2006

Leonardo Boff: *der Heilige Geist,* Verlag Herder, Freiburg, 2014

Leonardo Boff: *Das Stöhnen der Erde Geburtswehen einer neuen Welt,* Lit Verlag, Berlin, 2022

Masanobu Fukuoka: *Der große Weg hat kein Tor,* Pala Verlag, Schaafheim, 1975

Matthias Wiesmann: *Solidarwirtschaft, Verantwortung als ökonomisches Prinzip*, Futurum Verlag, Basel, 2014

Max de Pree: *Die Kunst des Führens*, Campus Verlag, Frankfurt/New York, 1989

Notker Wolf: *Jetzt ist die Zeit für den Wandel, Nachhaltig leben für eine gute Zukunft*, Herder Verlag, Freiburg im Breisgau, 2012

Notker Wolf: *Worauf warten wir noch, Ketzerische Gedanken zu Deutschland,* Rowohlt Verlag, Reinbek bei Hamburg, 2008

Papst Benedikt XVI: *Wir müssen anders leben! Damit die Schöpfung überleben kann*, Verlag Herder GmbH, Freiburg im Breisgau, 2012.

Papst Franziskus: *Die Umwelt-Enzyklika des Papstes*, Verlag Herder, Freiburg im Breisgau, 2015.

Peter Spiegel: *Eine bessere Welt unternehmen. Wirtschaften im Dienst der Menschheit*. Verlag Herder, 2011

Philippe Messine: *Les saturniens*. Editions La Découverte, 1987

Renault Sainsaulieu : *Sociologie de l'organisation et de l'entreprise*, Presses de la fondation nationale des sciences politiques, Paris & Editions Dalloz, Sirey 1987

Rop Hopkins, *Energiewende das Handbuch*, Verlag Zweitausend eins, 2008,

Rüdiger Safranski: *Wie viel Globalisierung verträgt der Mensch*, Fischer Verlag, 2006

Rutger Bregman: *Utopien für Realisten*, Rowohlt Verlag, Hamburg, 2019

Reinhard Marx: *Freiheit*, Kösel Verlag, München, 2020

Robert & Edward Skidelsky: *Wie viel ist genug?*", Wilhelm Goldmann Verlag, München, 2014

The club of Rome: *Earth for all, Ein Survivalguide für unseren Planeten*, oekom Verlag, München, 2022

Jean-Louis Laville, Elisabeth Bucolo, Geoffrey Pleyers, José Luis Coraggio: *Mouvement sociaux et économie solidaire*, Editions Desclée de Brouwer, Paris, 2017

Wolf Lotter: *Zivilkapitalismus, wir können auch anders,* Pantheon Verlag, München, 2013.

W. Phillip Keller: „*Psalm 23, aus der Sicht eines Schafhirten*", Verlag Gerth Medien, 1970

Zeitschriften:

Zeitschrift politische ökologie, Oekom Verlag
Bandnummer 124 „Post-Oil City", 01 – 2011,
Bandnummer 135 „vom rechten Maß", 04 - 2013

Internetquellen

https://erdcharta.de/die-internationale-erd-charta-initiative/:// Datum des letzten Aufrufs: 30.8.2024

https://erdcharta.de/die-erd-charta// Datum des letzten Aufrufs: 30.8.2024

https://www.bpb.de/kurz-knapp/lexika/politiklexikon/18052/postindustri-elle-gesellschaft/ Datum des letzten Aufrufs: 15.8.2024

http://de.wikipedia.org/wiki/Solidarische_Ökonomie Datum des letzten Aufrufs: 26.3.2024

https://en.wikipedia.org/wiki/Byung-Chul_Han - Datum des letzten Aufrufs: 15.8.2024

http://de.wikipedia.org/wiki/Solidarische_Ökonomie – Datum des letzten Aufrufs: 26.3.2024

https://www.chemanager-online.com/news/sehnsucht-nach-sozialer-marktwirtschaft - letzter Aufruf: 27.03.2024

https://www.bpb.de/kurz-knapp/lexika/politiklexikon/18052/postindustri-elle-gesellschaft/ Datum des letzten Aufrufs: 15.8.2024

http://www.dr-frank-schroeter.de/nachhaltigkeit.htm - Datum letzter Auf-ruf: 27.3.2024

https://www.nachhaltigkeit.info/artikel/nachhaltigkeit_1398.htm - letzter Aufruf 15.8.2024 https://www.lpb-bw.de/dossier-nachhaltigkeit - letzter Aufruf 15.8.2024

http://www.weltagrarbericht.de/fileadmin/files/weltagrarbericht/Wege_aus_der_Hungerkrise_2.4MB.pdf letzter Aufruf 2.4.2024

https://www.destatis.de/DE/Themen/Laender-Regionen/Internationales/Thema/Tabellen/Basistabelle_LWWertschoepfung.html letzter Aufruf 16.8.2024

https://www.google.com/search?q=Anzahl+Bauern+in+Rum%C3%A4nien letzter Aufruf 16.8.2024

https://de.statista.com.statistik/daten/studie/296809/umfrage/Konsumausgaben in Deutschland für Nahrungsmittel und alkoholfreie Getränke bis 2023 | Statista) letzter Aufruf 29.6.2024

http://www.weltagrarbericht.de/fileadmin/files/weltagrarbericht/Wege_aus_der_Hungerkrise_2.4MB.pdf letzter Aufruf 2.4.2024

http://www.weltagrarbericht.de/fileadmin/files/weltagrarbericht/Wege_aus_der_Hungerkrise_2.4MB.pdf letzter Aufruf 2.4.2024

https://de.statista.com.statistik/daten/studie/296809/umfrage/Konsumausgaben in Deutschland fr Nahrungsmittel und alkoholfreie Getränke bis 2023 | Statista) letzter Aufruf 29.6.2024

http://www.bing.com/search?q=wem+gehören+die+Windkraftanlagen+in+Deutschland - letzter Aufruf 2.4.2024

https://www.youtube.com/watch?v=rFjJs6ZjPe8 letzter Aufruf 17.8.2024